What I Mean When I Say

OrangeBooks Publication

1st Floor, Rajhans Arcade, Mall Road, Kohka, Bhilai, Chhattisgarh 490020

Website: **www.orangebooks.in**

First Edition, 2025

ISBN: 978-93-6554-169-4

Price: Rs. 349.00

Printed in India

What I Mean When I Say

मुझे समझना आसान नहीं

Himanshu Sharma

OrangeBooks Publication
www.orangebooks.in

Table of Content

Dedication

This book is dedicated to the philosophers, whose timeless thoughts have expanded my understanding of life, existence and self-control.

This is dedicated to my psychiatrist, who is gently helping me to navigate the complexities of my ongoing existential crisis or we can say existential journey.

This is dedicated to my mother, whose love was never conditional who nurtured my rationality, supported my freedom to seek and never asked me to follow the script written my society.

This book is also dedicated to the unknown, silent, invisible hands, who have worked and are still working, behind the scenes to uplift and sublimate myself in ways, I may never fully understand.

समर्पण

यह किताब उन दार्शनिकों को समर्पित है, जिनकी विचारधाराओं ने मुझे जीवन, अस्तित्व और आत्मज्ञान को समझने में मदद की।

यह किताब मेरी डॉक्टर को, जो इस समय मुझे मेरे अस्तित्वगत संघर्षों से उभरने में स्नेहपूर्वक सहायता कर रही हैं।

यह किताब मेरी माँ को समर्पित है, जिन्होंने कभी भी मुझ पर परंपरागत समाज की लकीरें थोपने की कोशिश नहीं की। जिन्होंने मेरे तर्क, मेरी स्वतंत्रत सोच और मेरी आत्म – खोज की आज़ादी को समझा और संजोया। आपका धन्यवाद कि आपने मुझे मेरे (स्वयं) को अपनाने की जगह दी।

यह किताब उन अनजाने – अनदेखे लोगों को भी समर्पित है – जो चुपचाप, बिना किसी पहचान के, मेरे आत्मविकास और उत्थान में लगें हैं।

Preface

This book is not a conclusion, it is an unfolding. In the pages ahead, I explore ideas like friendship, love, solitude etc – not as a scholar, but as a seeker.

Every definition, every poem, every viewpoint and every conclusion is a conversation between what I have read, what I have lived, what I have observed and what I am still learning and observing.

I have written this book in two languages. The reason truly behind this is that I believe that some emotions blooms differently in different tongues or languages. I also believe that truth don't live in only one language.

I hope somewhere in the pages, you will meet a version of yourself too. I invite you not just to read, but to reflect with me. If you are searching for something like Peace, clarity then I hope this book holds a light for you.

प्रस्तावना

यह किताब एक उत्तर न होकर एक खोज है। ये उन प्रश्नों से उपजी हैं, जो चुपचाप अक्सर मन में गूंजते रहतें हैं। मैं कौन हूँ?, जीवन का क्या अर्थ है ? मेरे जीवन की सार्थकता इत्यादि। कुछ इन्हें मन में ही नज़रअंदाज़ करते हैं और कुछ इनके उत्तरों की तलाश पर निकल पड़ते हैं। मैंने दार्शनिकों को पढ़ा, कविताएँ लिखीं, अपने विचारों से संवाद किया। इन सबके बीच एक ऐसी आवाज़ भी हैं, जो मुझे पथ प्रदर्शित कर रही है – मेरी डॉक्टर – जिनकी मदद से मैं अपनी अस्तित्वगत उलझनों को समझ पा रहा हूँ। एक प्रभावशाली आत्मविश्लेषण मैंने उनसे ही सीखा है।

यह किताब दो भाषाओं में है – हिन्दी व अंग्रेजी। क्योंकि कुछ भावनाएँ केवल अपनी मातृभाषा में ही खिलती है, और कुछ विचार अंतर्राष्ट्रीय भाषा में ही उड़ान पाते हैं।

कुछ लोगों को लगेगा कि इस किताब के अंग्रेजी भाग का ही अनुवाद ज्यों के त्यों हिन्दी में किया गया है, परन्तु ऐसा नहीं है। अंग्रेजी में लिखे गए विचारों को जैसे के तैसे अनुवादित न करके अलग – अलग भाषाओं को अपना – अपना विशिष्ट अर्थ दिया गया है।

यह किताब मेरा प्रयास है – ख़ुद को समझने का, ख़ुद से मिलने का। अगर इन पन्नो में आपको भी अपना कोई हिस्सा दिखे तो, मैं इसे अपनी यात्रा की सार्थकता जानूँगा।

आशा करता हूँ कि आप इन पंक्तियों में मुझे ही नहीं, परन्तु ख़ुद को भी थोड़ा बहुत जान पाएं।

My Quote

I refused to be shaped by hands that never touched my soul.

Special Thanks

I want to express my heartfelt gratitude to my psychiatrist, who not only helping me to understand my mental state, but also giving me the clarity to accept and overcome the inner struggles. Your guidance and patience is helping me to rediscover myself. This book is the small reflection of the journey of finding myself together.

विशिष्ट आभार

मैं आभार व्यक्त करता हूँ डॉ. सुमि शाह जसवाल को जिन्होंने मुझे न केवल मानसिक स्थिति को समझने में सहायता की, परन्तु मुझे अपने भीतर के संघर्षों को स्वीकारने और उससे उभरने का मौका भी दिया। आपका मार्गदर्शन और सहनशीलता मुझे अपने आपको फिर से ढूँढने में मदद कर रही है। यह पुस्तक उस यात्रा का एक छोटा सा प्रतिबिम्ब है, जो मैंने ख़ुद को जानने के लिए तय की है।

आत्म उद्धरण

जीना है तो ऐसे जियो कि, ज़िन्दगी को भी तुम्हें ज़िन्दा रखने में मज़ा आए, और मरना है तो ऐसे मरो कि, मौत को भी तुम्हारे मरने पर बुरा लग जाए।

प्रारंभ कविता

लो चल पड़ा मैं, खोज में ख़ुद की,
ताकत पता नहीं तुम्हें, मेरी ज़िद की।
अब मेरे ही हाथों से, मेरा निर्माण होगा,
तभी मेरे आत्मबोध से, मेरा निर्वाण होगा।
ये मन का सूखा नहीं, विश्वास की बरसात है,
मेरा लिखना, मेरे नए जीवन की शुरुआत है॥

मुझे पता है ख़ुद के बारे में,
मैं कितना झूठा – सच्चा हूँ।
कोई और न आकर मुझे बताए,
कि मैं कितना बुरा और अच्छा हूँ।
ये मेरे ह्रदय की है स्पष्टता, न खोखले ज़ज्बात है,
मेरा लिखना, मेरे नए जीवन की शुरुआत है॥

अकेला हुआ तो क्या हुआ, मैं ख़ुद का ही साथी बन जाऊंगा,
एक साहसी योद्धा की भांति, युद्धभूमि में तन जाऊँगा।
ख़ुद से वादा कर रहा हूँ, अब कहीं न मैं भागूंगा,
और जागे या न जागे, मैं निश्चित ही जागूँगा।
लोग हैरानी से पूछेंगे, ये किसकी करामात है,
मेरा लिखना, मेरे नए जीवन की शुरुआत है॥

Chapter - 1

In My Own Skin

Definition:

'In My Own Skin' is the act of truly accepting yourself, without hesitation and need to hide behind a façade. It's about being comfortable in your identity. This is the moment when an the individual stops trying to fit into the molds set for us by others This is the time when we start embracing the unique, authentic versions of who really we are. It is the freedom that comes with letting go of societal pressures, allowing yourself to the vulnerable and finding peace in knowing that you are enough, exactly as you are. To be `In Your Own Skin` is to live without shame – simply being yourself unapologetically.

Poem
Going Inwards

I stand here, not perfect but whole,
With scars and stories that shape my soul.
I am not who they think I should be,
I'm finally free to just be me.

The mask I wore is slowly falling,
No more pretending or silent calling.
I don't hide behind words I don't mean,
I am learning to live, to just be seen.

I used to worry what others might say,
Living their rules, not my own way.
I lost myself in their voices and views,
Forgetting the me, I had to choose.

Now, I stand strong, without fear or doubt,

No more pretending no need to shout.

I have faced my flaws and learned to grow,

Now, I'm at peace, letting all the past go.

I'm not a king. I'm not a queen,

But I'm real that's what I mean.

The mirror now shows my truth, not my lies,

And I see the beauty in my own eyes.

So here I am with no shame, no fear,

No more hiding, I've made it clear.

I embrace the journey, I embrace the pain,

For "In my own skin", I'm finally free again.

Viewpoint: -

This poem is very close to me. I don't know or unable to recall the exact time of life when I had written this poem. But it comes from the place where I have felt ignored, misunderstood and judged - not just by others, but sometimes by myself too. It may be the reason for my existing personality also.

There were times I felt like a fool – not because I understand the world, but because the world did not understand me.

People saw only surface, never the thoughts or storms inside. But something changed early on. In my teenage years, while many around me were caught up in the usual noise of life, I was gifted by or I found peace and curiosity in something else – Books. I started reading deeply – not just stories, but philosophy, poetry, human behavior etc and many more. And without even realizing it, I began to disconnect from society's noise – not out of arrogance or rebellion, but because I needed space to understand myself. That disconnection gave me time to build something different inside me - a voice that was not borrowed, a personality that was quietly shaping itself into something authentic, something I am proud of today.

I know for sure that what I am becoming now is deeply influenced by the choice I made back then: to seek meaning rather attention.

Even at just 21, the words of thinkers, philosophers like Nietzsche, Krishanmurti, Adi Shankrácharya, Upnishads, Vedanta and many - many more began to shape the way I saw the world. They helped me to understand that freedom isn't about being loud – it's about being honest, even when it's uncomfortable. They taught me that being different is not a weakness – it's a kind of quiet strength.

Now, I no longer wear the mask. I no longer try to fulfil the expectations of others. I just try to be real- and free in my own skin.

If you have ever felt out of place or like you had to change just to be accepted, this is for you. You are enough. You don't need to wear a mask to be loved. Your truth – just as it is – is already beautiful. I want to give you an advice that if you can do then try to liberate yourself from society.

Conclusion: -

We all wear masks – some to protect, some to survive and some because they don't know who they are without others. But the journey of self - acceptance beings when we start asking ourselves, "What if I could just be me. I am remembering once Osho had said that – "Live as if you are the only one alive in this world."

This chapter isn't about proving anything. It is being honest. It means I am not perfect, but I am present in my thoughts, in my feelings, in my pain and even in my peace. Every flaw, every doubt, every silent tears has shaped me into someone I' m learning to understand and slowly, to love.

To live in your own skin is one of the bravest things you can do in a world that constantly tries to change you. It's not an instant transformation - it's a slow, personal journey. And if you are walking that path, even just a little, I want you to know, I see you with respect and embrace your courage.

At last I want to tell my readers that living 'In your own skin,' act of truly accepting yourself doesn't mean that you make this statement to remain as you are neglecting your growth.

My Quote

Being different is not a weakness – it is a rare strength.

मैं अपने जैसा

परिभाषा :-

'मैं अपने जैसा' का अर्थ है – बिना किसी डर, बिना किसी दबाव या दिखावे के, ख़ुद को स्वीकार करना जैसे हम हैं। ना किसी से तुलना, ना किसी से प्रतियोगिता।

यह भाव उस क्षण का है जब इंसान ख़ुद को ज़बरदस्ती बदलने की कोशिश करना छोड़ देता है। और अपने अंदर की आवाज़ को सुनता है। आश्चर्य की बात है कि ऐसा करके वह चमत्कारिक रूप से बदलाव का अनुभव करता है। ख़ुद की बेहतरी के लिए, ख़ुद को ज़बरदस्ती बदलने के प्रयास को छोड़कर ही मनुष्य स्वयं को समझकर, जानकार, विवेकपूर्ण होकर स्वनिर्माण कर सकता है।

हर इंसान के भीतर एक मुखौटा होता है – जो सामाजिक उम्मीदों से बना होता है। लेकिन जब हम उस नकाब को उतार देतें हैं और अपनी असलियत को अपनातें हैं तो एक नई आज़ादी महसूस होती हैं। यही आज़ादी है – अपने जैसा होने की।

कविता
क्या मैं इतना बुरा हूँ?

हाँ हूँ मैं मूर्ख, हूँ मैं मंदबुद्धि,
जिसे सुलझा न पाओ तुम, हूँ मैं वो गुत्थी।
मैं बुराई की स्याही से, बचा कागज़ कोरा हूँ,
क्यों मुझसे दूर रहते हो, क्या मैं इतना बुरा हूँ ? ||

ख़ुद को बेवकूफ़ दिखाकर, हर पल हंसाता रहता हूँ,
ज़िंदगी खुशियों का नाम है, ये समझाता रहता हूँ।
फिर भी मुझसे बचकर रहते, क्या मैं इतना अधूरा हूँ,
क्यों मुझसे दूर रहते हो, क्या मैं इतना बुरा हूँ?||

मुझे समझने का प्रयास करो तो सही,
कभी मुझपे विश्वास करो तो सही।
जिससे मेरा दिल न दुःखे, ऐसा उपहास करो तो सही।
कहीं तुम ये तो नहीं सोचते?, कि मैं फेंका हुआ कूड़ा हूँ?,
क्यों मुझसे दूर रहते हो, क्या मैं इतना बुरा हूँ?||

मेरी सरलता तुम्हें क्या, कोई दिखावा लगती है ?
मेरे अन्दर भी तो कोई, शैतानी सी जगती है |
मैं, मेरा मन अकेले इतने, कि एक –दूजे से बातें करते हैं,
शायद इसीलिए लोग मुझे, पागल समझा करतें हैं |
मेरे अन्दर जीव है ऐसा कि, मैं चलता –फ़िरता जमूरा हूँ,
क्यों मुझसे दूर रहते हो, क्या मैं इतना बुरा हूँ?||

यूं ही अकेला रहता रहा तो, शायद शायर न बन जाऊं,
सच्चे प्रेम को ढूंढते – ढूंढते, कहीं कायर न बन जाऊं |
बात करने की कला मुझमें नहीं, इसीलिए ख़ामोश रहता हूँ,
इंसानों पर विश्वास न मुझको, इसीलिए प्रकृति से कहता हूँ |
लाखों ने दिल तोड़ा है मेरा, इसलिए शीशे का चूरा हूँ,
क्यों मुझसे दूर रहते हो, क्या मैं इतना बुरा हूँ?||

पंख कटें हैं मेरे ये जानकार भी, मैं उड़ना चाहता हूँ,
जिससे मुस्कुराती रहे ये दुनियाँ, कुछ ऐसा करना चाहता हूँ |
जो मुझे मौत के घाट उतार दे, वो भी मुझको प्यारा होगा,
हार का मुझको डर नहीं रहता, सोचो मैं कितना हारा होगा |

यूं तो मौत को भी अपना लेतें हैं लोग,
मैं तो फिर भी खुशियों का ज़कीरा हूँ।
क्यों मुझसे दूर रहते हो, क्या मैं इतना बुरा हूँ?॥

जिसको तुम – अनुभव भी न कर पाते होंगे,
उसको मैं हर क्षण जीता हूँ।
प्रकृति की गोद में जाकर, अनुभवों का शरबत पीता हूँ।
हाँ मैं अलग हूँ सबसे क्योंकि, मैं नफ़रत करना नहीं जानता,
आकर्षण को मैं प्रेम मान लूं, ये मेरा दिल नहीं मानता।
भले ही मेरी औकात न हो, सूरत से रंगत से,
पर... दिल का मैं गोरा हूँ,
क्यों मुझसे दूर रहते हो, क्या मैं इतना बुरा हूँ?॥

कभी अकेले रहो तो सही,शायर न बन जाओ तो कहना,
नकली प्रेम करके तो देखो, कायर न बन जाओ तो कहना।
इस दुनियाँ की भीड़ में मुझसा भी है कोई,
अगर मिल जाए कोई तो मुझसे भी कहना।
मुझे पता नहीं कितनी कमियाँ है मुझमें,
या इंसान में पूरा हूँ।
क्यों मुझसे दूर रहते हो, क्या मैं इतना बुरा हूँ?॥

सांसों का कोई पता नहीं,कभी भी - कहीं भी थक सकती है,

मेरी जिंदगी की कहानी, कहीं पर भी रुक सकती है |

इच्छा है मेरी – इतनी सी बस,

मुझपे प्यार थोड़ा सा बहा देना |

जब प्राण निकले तन से मेरे तो, मेरी शैय्या पर फूल चढ़ा देना,

हाथ में है ये तुम्हारे सुनिश्चित करना,

कि मैं, पत्थर हूँ या हीरा हूँ |

क्यों मुझसे दूर रहते हो, क्या मैं इतना बुरा हूँ?||

दृष्टिकोण :-

जब मैंने यह कविता लिखी, तो वह मेरी अन्दर की उलझनों और सवालों का इज़हार थी | बचपन से ही मैंने महसूस किया कि मैं दूसरों से अलग था, लेकिन समाज ने मुझे कभी समझा नहीं | कभी तो मुझे सच में ऐसा लगता था कि क्या मैं सच में वैसा हूँ, जैसा मुझे दुनियाँ देखती है ? क्या मैं भी वही दिखावा करूँ जो सभी करतें हैं या ख़ुद को वैसा स्वीकार करूँ जैसा मैं हूँ | जैसा मैंने ख़ुद को, महान दार्शनिकों को पढ़कर, जानकर व समझकर बनाया है |

जब मैंने किताबें पढ़ना शुरू की – और वो भी बहुत छोटी उम्र से, तब जाकर मुझे समझ आया | मैंने दर्शन, कविताएँ, मनोविज्ञान इत्यादि अनेकों विषयों की जानकारी घर पर ही स्वाध्याय करके – इन किताबों से वो रास्ता पाया, जो मुझे अपने अन्दर की गहराईयों में ले जाता था | इससे मुझे ये समझने में

मदद मिली कि दुनियाँ से अलग होना, ख़ुद को व्यक्त करना – ये कमज़ोरी नहीं बल्कि एक शक्ति है |

लेकिन इसका एक दूसरा पहलू भी था – जितना मैंने इन किताबों से समझा और जितनी गहराई तक देखा, उतना ही मुझे समाज की सोच और नियम – अवधारणाएं खोखली और संकुचित अनुभव होने लगी | पहले जैसे मैं ख़ुद को समाज का हिस्सा मानता था, अब वैसा नहीं हो पा रहा था | यही कारण था कि मैं ख़ुद को और भी अलग अनुभव करने लगा | इससे मुझे कोई दिक्कत भी नहीं हुई क्योंकि मेरी माँ ने मुझे व मेरा हमेशा ही समर्थन किया |

इसके पश्चात् किताबें मुझे एहसास दिलाने लगी कि सच्ची स्वतंत्रता बाहरी दुनियाँ से नहीं बल्कि भीतर से होती है | मैंने अनुभव किया कि समाज की उम्मीदों से बाहर निकलकर अपने असली रूप में जीना ही सबसे बड़ी आज़ादी है | और यहीं से मैंने अपनी राह ढूंढ ली | अपने जैसा बनने की |

अब मुझे कोई फर्क नहीं पड़ता कि दुनियाँ मुझे कैसे देखती है – मैं जैसा हूँ, वैसा ही हूँ | बिना किसी डर के | यह कविता उस यात्रा की शुरुआत थी, जब मैंने स्वयं को यथारूप ही स्वीकार करके अपनी बेहतरी की राह पर क़दमों को अग्रसर किया था| इस यात्रा में तुम्हें ये कहने वाले भी मिलेंगे, जो कहेंगे कि किताबी ज्ञान से कुछ नहीं होता, जीवन के अनुभव ही काफ़ी हैं | परन्तु ये सच नहीं हैं – लेखक की किताबें भी उसके जीवन के अनुभवों का ही निचोड़ होतीं हैं |

निष्कर्ष :-

हम सब किसी न किसी रूप में नकाब पहने रहतें हैं – कभी समाज के डर से, कभी अपनों की उम्मीदों से और कभी ख़ुद को ही न समझ पाने की वजह से |

लेकिन जब इंसान अपने अन्दर झाँकता है, किताबों में ख़ुद को ढूंढता है, और जीवन को थोड़ी और गहराई से देखता है - तब वो ख़ुद को पहचानने लगता है |

मैंने जब ख़ुद को 'अपने जैसा' स्वीकार किया तब जाना कि सुकून बाहर नहीं भीतर होता है | ये पहचान एक दिन में नहीं आती – ये किताबों, सवालों, तन्हाईयों और ख़ुद से की गई लंबी बातचीतों का नतीजा होती है |

शायद मैं सबकी तरह नहीं सोचता, शायद मैं भीड़ का हिस्सा नहीं बन पाया – लेकिन अब मुझे इसकी ज़रूरत भी नहीं लगती| अब मैं अपने जैसा हूँ और यही मेरी असली आज़ादी है |

अगर आप भी कभी ख़ुद से दूर महसूस करें तो रुकिए, सोचिए – और ख़ुद को वही मंज़ूरी दीजिए, जो आप दूसरों से चाहतें हैं | क्योंकि असल खूबसूरती – जैसा हूँ, वैसा ही हूँ - में ही है |

आत्म उद्धरण

मैं कभी अधूरा नहीं था, बस मैं अपनी पूरी तस्वीर ख़ुद ही नहीं देख पाया |

Chapter – 2

Solitude: The Art of Becoming Whole

Definition: -

After talking to myself and from my personal observation I came to know that solitude is not loneliness, it is a conscious return to your own soul. It is a sacred space where you stand face – to – face with your truest self, beyond all noise, expectations and masks.

I think those who wish to walk the right path, those who seek true love, real greatness or to live in truth – must first learn to stop fearing being alone.

Always remember my words that –

Solitude demands great courage. It asks you to sit with your wounds without running away, to observe the darkest corners of your heart without judgment. Many fear solitude because they are not ready to meet the truths they have buried deep inside.

Remember, every ounce of wisdom, creativity, understanding and strength – is born out of these quiet conversations you have with your soul.

Now, I am going to give my own definition of a mature man.

A mature man is not one who survives the crowd, but one who thrives, even when there is no one around.

Let me tell you that solitude is not an accident, it is a deliberate choice – to live consciously, to love purely, to create deeply, and to walk a spiritual journey that doesn't seek validation. Loneliness feels empty because it is imposed. Solitude feels sacred because it is chosen.

What I believe is – without solitude, you only borrow your thoughts, your dreams and your feelings from the world.

I think that – "With solitude, you discover what is truly yours – raw, untouched and magnificently alive.

Poem
Solitude: Where No Footsteps Reach

In crowded streets I lost my way,
In silent woods I chose to stay.
The world outside may shout and preach,
But my soul speaks in a softer speech.
I found my truth in solitude,
Solitude, where no footsteps reach.

Dreams were heavy, hopes would bend,
Fake smiles hurt more than a friend.
In noise, no healing hands could breach,
Only silence could softly teach.
I built my strength in solitude,
Solitude where no footsteps reach.

They called lost, they called me strange,
But deep inside, I knew the change.
Not fear, but wisdom paved this beach,
Not loneliness, but soul is outreach.
I grew in light of solitude,
Solitude, where no footsteps reach.

Tears once blurred my open eyes,
Solitary paths gave honest replies.
The world could break but not impeach,
The truth I chose beyond their reach.
I found pure love in solitude,
Solitude, where no footsteps reach.

Where dreams are pure and hearts are free,
Where brutal truths embrace the sea.
No shallow voice, no hands to teach,
Only my soul and stars to preach.
I became whole in solitude,
Solitude, where no footsteps each.

Viewpoints: -

In my views - Solitude is not a punishment, it is a blessing. It is the sacred place where we free ourselves from the noise of the world - where every outer sounds fades and only the soft heartbeat of the soul remains. Those who seek themselves in the crowd will never truly know who they are. But in my views – those who dare to walk alone, find the deepest truths waiting in their silence.

I think the solitude becomes the golden bridge between the soul and the ultimate truth – A place where no other footsteps can ever reach except your own.

Conclusion

I think solitude is not loneliness, it is the reunion with your own lost self. It is in silence that we hear the loudest truths, in emptiness that we find the purest fullness.

When the world falls away, what remains is the core of who you are.

I believe that – those who embrace solitude, don't escape life, they dive deeper into it, because only in being truly alone can make you truly whole.

Solitude is the womb where new life is born – a life of awareness, depth and fearless authenticity.

My Quote

Real peace comes when we sit with ourselves without fear, without escape.

एकांत : भीतर का मौन आकाश

परिभाषा : -

एकांत को अपनी परिभाषा देने से पहले मैं पाठकों को बताना चाहता हूँ कि मैं भी एकांत का ही एक उत्पाद हूँ | एकांत ने ही मेरा व्यक्तित्व रचा है | मेरी मानो तो एकांत कोई दुःख नहीं है, कोई सज़ा नहीं है | ये ख़ुद से मिलने की वो ख़ामोश जगह है, जहाँ भीड़ का शोर नहीं पहुँचता | ये भीड़ से दूर भागना नहीं, बल्कि अपने भीतर उतरना हैं – जहाँ सच बिना आवाज़ के बोलता हैं |

जब हम अकेले होतें हैं, तब हम पहली बार असली ख़ुदको देख पातें हैं | बिना दिखावे के बिना डर के | भीड़ हमें जो कहती है, जो बताती है, जो दिखाती है, उससे अलग हमारी अपनी एक असली गहरी आवाज़ होती है – उसे सुनने के लिए ही तो एकांत का दरवाज़ा खोलना पड़ता है | एकांत वो रास्ता है जो भीतर के आकाश तक ले जाता है, जहाँ कोई सीमा नहीं, कोई परछाई नहीं –सिर्फ़ हम और हमारा मौन अस्तित्व होता है |

यह कोई मजबूरी नहीं – एक साहसिक चुनाव हैं - कि मैं अकेला रहूँगा ताकि ख़ुद को खोने के बजाए पा सकूँ |

ये वही जगह है – जहाँ रचनात्मकता जन्म लेती हैं, जहाँ प्रेम बिना किसी शर्त के खिलता है और जहाँ सच्चाई, बिना किसी आवाज़ के कानों में फुसफुसाती हैं। इतना ही कहूँगा कि अगर आपमें अपने भीतर झाँकने की हिम्मत है, तो एकांत आपका सबसे अच्छा साथी बन जाएगा।

कविता

मुझे अकेला रहने दो

मेरे जीवन के सारे दुःख – सुख,
मुझे अकेले सहने दो।
मुझपे एक एहसान करो कि,
मुझे अकेला रहने दो॥

मुझे न किसी के साथ की चाह,
मैं बना ही लूँगा अपनी राह।
झूठे हैं ये साथ में रहने वाले,
मुझे ख़ुद में ही बहने दो।
मुझपे एक एहसान करो कि,
मुझे अकेला रहने दो॥

मेरी शांति को न भंग करो,

न तुम मुझको तंग करो।

मुझसे दूरी बनाकर रखो,

न तुम मेरा संग करो।

मुझको मेरे मन की बातें,

मुझसे ही कहने दो।

मुझपे एक एहसान करो कि,

मुझे अकेला रहने दो॥

कुदरत ने अकेलापन, मुझको ख़ास दिया है,

ख़ुद को खोज ले अकेले रहकर, ये एहसास दिया है।

मुझे शांति की पिपासा लेकर, घोर एकांत में जीने दो,

मुझपे एक एहसान करो कि, मुझे अकेला रहने दो॥

मुझे आत्मज्ञान की आस है,

मुझे परशान्ति की प्यास है।

मुझको मेरे अंतर्जीवन में,

आत्मस्वरूप में ढहने दो।

मुझपे एक एहसान करो कि, मुझे अकेला रहने दो॥

दृष्टिकोण :-

इस कविता के माध्यम से मैं ये बताना चाहता हूँ – जिसने अकेले चलना सीखा, वही ख़ुद को जान सका | मेरा मानना है कि भीड़ में खो जाने से अच्छा और बेहतर है कि हम अपने अंतर्मन की आवाज़ को सुनें | यह कविता उसी साहस की पुकार हैं | जहाँ हम दूसरों के सहारे या सहमति के बिना अपने रस्ते पर चलने का संकल्प करतें हैं | सच्चे आत्मज्ञान की खोज, परम – शांति और जीवन के गहरे सत्य का साक्षात्कार – ये सब भीड़ में नहीं मिलते, ये अकेलेपन में उगतें हैं | मैं मानता हूँ कि जब हम दुनियाँ की हलचल से दूर होतें हैं, तभी हम ख़ुद से असली संवाद कर पातें हैं |

मेरी कविता का आशय सरल और स्पष्ट है कि –

मत तोड़ो मेरे भीतर के मौन को |

मत बनो मेरी राह में रुकावट ||

मुझपे बस एक एहसान करो – मुझे मेरे एकांत में रहने दो |

क्योंकि यही एकांत मेरे भीतर के आकाश का द्वार है | यही मौन, आत्मा की सबसे सच्ची भाषा है |

निष्कर्ष :-

मेरा तो बस यही निष्कर्ष है कि – जो भीड़ में ख़ुद को खो देता है, वह संसार पा सकता है, लेकिन जो एकांत में ख़ुद को पा लेता है, वह सम्पूर्ण अस्तित्व पा लेता है|

एकांत कोई दूरी नहीं, बल्कि अपने आप से मिलने का सबसे पवित्र सेतु है | जो इस सेतु पर चल सका है, वही अपने भीतर के अनंत आकाश को छु सका |

आत्म उद्धरण

एकांत वह दरवाज़ा है, जिससे होकर आत्मा अपने असली घर लौटती हैं|

Chapter – 3

Sculpting The Real Me

Definition: -

In my belief – self sculpting is the constant act of moulding oneself into a better version, not in a search of perfection but for overall growth. It's like an artist chisels away at a piece of stone. I believe we shape our lives through the choices we make, the lessons we learn, and the mistakes we go from. This is an endless process. We are always learning, always changing and always striving to become a better version of ourselves. It's not about being perfect, it's about process.

My Quote

We all know that no human being can be perfect, but after thinking this, if someone takes complete rest on his own betterment then there is nothing more cowardly then this.

Every day is a chance to take another step forward, to be a little more honest with yourself, to grow little wiser. We don't have to rush the process of self–improvement because real growth happens slowly and steadily, over time.

Poem
The Sculptor Within

I am at a work in progress,
Shaped by every thought I hold.
Every dream, every battle,
Every scar turned into gold.

The chisel of my choices,
The hammer of my pain.
Every strike that hits me,
Brings me closer to my gain.

I am not yet complete,
But I'll never stop the fight.
For every day that passes,
Brings me closer to the light.

I have learned to love the process,

To embrace the struggle I face.

For it's the force that moulds me,

And gives my soul its grace.

So I stand here, unfinished,

But I am proud of what I have made.

Each crack, each flaw,

Is a step on the path I've laid.

Viewpoint: -

The idea of self- sculpting has always been close to my heart. It is the philosophy that guides me every day, reminding me that I am not the same person I was yesterday – and I would not be the same tomorrow either.

We are constantly evolving, shaped by the choices we make and the lessons that life teaches us.

For me reading wisdom books and reflecting on my own experiences have been key tools in this process. At very young age of 13 -14, I realized that society's expectations often leads to the confusion and self-doubt. So, I disconnected myself from many of the mainstream beliefs and started sculpting my own life based on what resonated deeply with me. This did not mean rejecting everything: rather, it was about embracing my individuality and working towards becoming the best version of myself, free from the pressure to conform. The process of shaping myself had made me stronger, wiser, honest and more aware of my true potential.

I understand now, that I don't need to be perfect. The flaws, the mistakes – they are all part of the masterpiece I am creating. The beauty of this journey is that I am always in control of myself. It's totally up to me to decide what I want to become, how I want to shape my future. That's what makes self-sculpting so powerful: it's a choice we make every day.

Conclusion: -

As I continued to shape myself, I realized that true growth lies not in avoiding challenges but in accepting them with grace and courage. Stoicism teaches us that external circumstances are beyond our control, but our response to them is where our true power lies. Each day is an opportunity to practice and focus on what we can control, and to let go of what we cannot. The way sculptor chisels away at marble, life continually chisels away at us, revealing our true form through every hardship we face.

I have learnt that peace comes from acceptance from understanding that we can't control everything, but we can always control how we respond to life's challenges. The more I embrace stoic principles, the more I realize that the process of sculpting myself is in itself the goal.

Like the stoic's, I now know that true freedom comes not from external world, but from mastering the inner – self, sculpting it with each new experience and living in exclusivity with what I cannot change.

My Quote

I have designed myself, I am not a product of shoddy society.

मैं ख़ुद का स्वनिर्माता

परिभाषा :-

ख़ुद के स्वनिर्माता होने का अर्थ है कि हम अपनी अध्यात्मिक, मानसिक शक्तियों को पहचानकर अपने जीवन की दिशा और उद्देश्य को ख़ुद तय करतें हैं | मेरा मानना है कि हमारी दुनियाँ और हमारी वास्तविकता हमारे भीतर के विश्वासों, विचारों, चुनावों व निर्णयों का परिणाम होती हैं|

देखा जाए तो ज्यादा प्रतिशत समाज में उन लोगों का हैं, जिनके पास न अपने विचार है, न विश्वास, न चुनाव और न निर्णय | निष्पक्षता से देखा जाए तो आम आदमी की सोच से लेकर उसके निर्णयों तक जिसे वह ख़ुद का व्यक्तिगत चुनाव समझता है वह सब उधार के व थोपें गए संस्कार हैं | यह बड़ी खतरनाक बात हैं| गहराई व निष्पक्षता से यदि चिंतन किया जाए तो यह कितनी खतरनाक बात है कि आम – आदमी किसी और के नियंत्रण में है और उसे पता भी नहीं हैं | वह जो कुछ भी व्यक्तिगत चुनाव सोचकर करता है, वह उसे प्रभावित करके ज़बरदस्ती करवाया गया होता है | किसी ने कहा था कि – "यदि तुम्हारे पास ख़ुद के विचार व बोध नहीं है, तो तुम्हें दूसरों के उधार विचारों से नियंत्रित होकर चलना पड़ेगा |"

समाज हमें हमेशा एक निर्धारित ढाँचे में बाँधने की कोशिश करता हैं। बचपन से ही, हम यह देखते हैं कि – हमारे विचार, हमारे सपने और हमारी दिशा समाज के बनाए हुए नियमों और आदर्शों के तहत तय होती हैं। समाज की उपेक्षाएं, परिवार की उम्मीदें और सांस्कृतिक दबाव हमें इस तरह से ढालतें हैं कि हम कभी अपनी असली पहचान खोज ही नहीं पाते।

मेरा मानना है कि यह समाज का नियंत्रण हमें हमारी स्वतंत्रता और व्यक्तित्व से दूर कर देता हैं। हम समाज की सोच और संरचनाओं से परे जाकर अपने जीवन की सृजनात्मकता को पहचान सकतें हैं।

स्वनिर्माण का मतलब यह नहीं है, कि हम समाज से पूरी तरह कट जाए, बल्कि इसका मतलब यह है कि हम अपना दृष्टिकोण और सिद्धांतों को ख़ुद तय करें। न कि समाज द्वारा तय किया जाए।

इस अध्याय के माध्यम से मैं यही बताना चाहता हूँ कि समाज की ताकतें और दबाव हमें हमारी असल पहचान से दूर कर सकतें हैं। इसलिए ऊंचे से ऊंचे विचारों को, किताबों व अन्य को आधार बनाकर अपने स्वनिर्मता ख़ुद बनो।

कविता
मैंने ख़ुद को रचा डाला

दुनियाँ से बचाकर ख़ुद को,
अपना मार्ग बना डाला।
लोग ख़ुद में उलझते रह गए,
मैंने ख़ुद को रचा डाला॥

चलते – चलते तप्त भूमि पर,
न जाने कब उड़ान भरी।
एक अनोखी सोच संशयपूर्ण,
न जाने कब महान बनी।
अधोगति जो मेरी करता, मैंने उसे जला डाला,
लोग ख़ुद में उलझते रह गए,
मैंने ख़ुद को रचा डाला॥

पहले तो मैं भी एक सवाल ही था,
पर जो भी था बड़ा कमाल ही था।
आसान बिलकुल भी नहीं होता, आज़ादी का सफ़र,
कभी मेरा अंतर्मन भी एक बवाल ही था।
फिर मैंने हिम्मत पुरज़ोर करके,
स्वनिर्माण का शंख बजा डाला।
लोग ख़ुद में उलझते रह गए,
मैंने ख़ुद को रचा डाला॥

मैं ऐसे ही आज़ाद फिरूं,
मुझपे न किसी का नियंत्रण हो।
जहाँ मेरी चेतना मलित होती हो,
वहां न मेरा आमंत्रण हो।
वो देह संवारते रह गए,
मैंने व्यक्तित्व अपना सजा डाला।
लोग ख़ुद में उलझते रह गए,
मैंने ख़ुद को रचा डाला॥

दुनियाँ में दो ही तरह के लोग,

होशमंद और बेहोश हैं।

जो सामाजिक मिलावट से बचा वो शेर,

बाकी भीड़ बस खरगोश है।

कितनी ठोकरे खाता सामाजिक होकर,

देखो, दुनियाँ ने कैसे नचा डाला।

लोग ख़ुद में उलझते रह गए,

मैंने ख़ुद को रचा डाला॥

दृष्टिकोण :-

यह कविता भी बड़ी पुरानी हैं। मुझे याद भी नहीं, मैंने यह कब लिखी। जब मैंने ये कविता लिखी, तब यह एक कविता नहीं थी – यह मेरे भीतर चल रहे मंथन की एक चीख थी, एक आत्मस्वीकृति का स्वर था। मेरा जानना है कि हम सब कहीं न कहीं समाज की उम्मीदों, नियमों व परम्पराओं में उलझे रहतें हैं। लोग अक्सर यह सोचते हैं की – दुसरे क्या कहेंगे, और वहीँ उलझकर रह जातें हैं।

लेकिन मेरे भीतर एक आग लगी थी – एक बेचैनी कि मैं क्यों किसी और की बनाई दुनियाँ में अपनी पहचान ढूंढूं ?

इस कविता के माध्यम से मैंने अपनी उस यात्रा को उकेरा है, जहाँ हर ठोकर, हर अस्वीकृति ने मुझे एक नई दिशा दी।मेरा मानना है कि शायद ये कविता उनके लिए भी हैं, जो भीतर से टूटें हुए हैं, लेकिन टूटकर बिखरने के बजाए ख़ुद को जोड़ने का

साहस रखते हैं | मैं कभी – कभी सोचता हूँ कि कोई कैसे किसी की गुलामी स्वीकार कर सकता है ? गुलामी से मेरा मतलब बाह्य ही नहीं आंतरिक अर्थात विचारों से मन से, वृत्तियों से भी हैं| मैंने जब हिम्मत की, तब पाया कि मैं ख़ुद अपनी कहानी लिख सकता हूँ | इसीलिए मेरा मानना है कि जितना जल्दी व्यक्ति समाज से ख़ुद को अलग करके अपने स्वनिर्माण पर ध्यान देगा, महानता की संभावना उतनी ज़्यादा होगी | इसलिए एक सलाह देता हूँ कि वेदान्त दर्शन व उपनिषदों को जीवन का आधार बनाना अति महत्वपूर्ण हैं |

इस रचना में मैंने उस पल को पकड़ने की कोशिश की है, जब मैंने समाज की परिभाषाओं को जलाकर, अपने व्यक्तित्व को सजाया और कहूँगा कि सजाते जा रहा हूँ |

जहाँ समाज सांचे गढ़ रहा था, मैंने उनमें ढलने के बजाए अपना सांचा ख़ुद बनाया|

मेरा मानना है कि आत्मनिर्माण एक सतत्त प्रक्रिया है – ये कोई मंजिल नहीं बल्कि एक जीवनशैली हैं | यही वजह हैं कि यह कविता केवल मेरा अनुभव नहीं, बल्कि हर उस व्यक्ति की कहानी है, जो ख़ुद से भिड़कर, ख़ुद को पाना चाहता हैं |

निष्कर्ष :-

इस किताब को पढ़कर आप शायद मुझे आत्ममुग्ध, अहंकारी इंसान माने | परन्तु ये मेरी कोई खोखली किताबी मान्यता मात्र नहीं हैं – ये मेरा सच है कि "जीवन में सबसे बड़ी रचना स्वयं की होती हैं |"

जब हम परिस्थितियों के बहाव में बहने से इंकार कर देते हैं, जब हम तयशुदा मार्गों को छोड़ अपने पथ स्वयं बनातें हैं, तभी आत्मा का असली विस्तार होता है।

बुद्ध की शिक्षा भी यही कहती है - 'अप्प दीपो भव:।' अर्थात अपना दीपक ख़ुद बनो। मुझे लगता है कि यह कविता उसी विद्रोही चेतना की अभिव्यक्ति है, जो कहती है – "मैं वो नहीं बनूँगा जो दुनियाँ चाहती हैं, मैं वही बनूँगा जो मैं स्वयं बनना चाहता हूँ।"

मेरा मानना है कि जीवन हमें लगातार तोड़ने की कोशिश करता है – लेकिन हमें चुनना होता है – बिखरना है या ख़ुद को नई परिभाषा देनी हैं। हर सुबह उठकर ये तय करना कि हम दुनियाँ के शोर में नहीं खोएंगे। बल्कि ख़ुद की आवाज़ को सुनकर जिएंगें।

ये कविता, मेरी माने तो उनका प्रतिनिधित्व करती हैं, जो समाज की सीमाओं को चुनौती देते हैं और अपने भीतर के ब्रह्माण्ड को ख़ुद गढ़तें हैं। मैं इस कविता के माध्यम से पाठकों को आमंत्रण देता हूँ कि – अपने भीतर झाँकने का, अपने सवालों से लड़ने का और अंततः ख़ुद को पाने का।

आत्म उद्धरण

आत्मनिर्माण कोई एक बार की प्रक्रिया नहीं, बल्कि रोज़ - रोज़ का साहस हैं।

Chapter – 4

Attraction: Illusion Or Inner Calling

Definition: -

If anyone asks me the definition of attraction then I must say that attraction is not some grand miracle, nor it is a divine emotion. At its root, it is just simple harmonal reaction – a trick played by the chemistry of the body. It has nothing to do with love, commitment or soul connection.

For me, the most dangerous and poisonous words are – "I like you as you are." Because liking is passive, selfish and shallow – it wants the flower, not its roots.

I am remembering that someone had once said – 'If you like a flower, you pluck it. But if you love a flower, you water it every-day.'

Attraction often operates from the surface, from desire, from the craving to possess. But true connection – real love – demands care, patience and constant nurturing. It demands sacrifice, not possession.

In my own experience – strangely, in this world, those who are most genuine, most right, are often liked the least. Because always remember, truth doesn't attract like glitter, it changes – it awakens.

It's my deep observation that attraction fades with time. But love, born with inner calling, grows stronger with very silent moment shared.

Poem

I like you as you are – A poisoned phrase

'I like you as you are' – they say,

But it's not love – it's an easy way.

Real love asks you, to rise and fight,

To break to burn, to find your light.

This lazy liking is a slow infection,

I like you as you are – A poisoned affection.

You like a flower, you pluck it and go,

You love a flower, you help it to grow.

Most who say – 'I like you', lie,

Their hearts are hollow, their souls dry.

Its hunger masked as pure connection,

I like you as you are – A poisoned affection.

You like what's easy, not what's true,
You worship comfort, not what's new.
The real one walk alone and bleed,
They don't bow down to your need.
Your liking is just soft rejection,
I like you as you are – A poisoned affection.

The purest are pushed out of the crowd,
Truth is silent, ego too loud.
You cannot love what you fear to see,
You only cage what should be free.
Your 'liking is just domination's direction,
I like you as you are – A poisoned affection.

I don't need your shallow praise,
Nor the touch that fades in days.
If you can't water the soul I defend,
Don't dare to say, you're my friend.
I burry all those fake connection,
I like you as you are – A poisoned affection.

Viewpoint: -

I don't know why I am telling this but what I believe is that – attraction is often mistaken for love, but they are not the same.

Listen carefully after this: -

Where attraction is quick, emotional and mostly physical – but love is silent, deep and – truly attractive.

In today's world some people proudly say "I like you as you are" without realizing how hollow these words are. True connection demands growth, challenges and a mirror that reflects our flaws. But attraction seeks comfort, not truth. It seeks gratification, not transformation.

In my personal experience - attraction is easy - simple harmonal trick played by nature. It doesn't asks for responsibility, nor does it need deep consciousness. In fact many times, attraction pulls us towards what is not good for us.

My Statement

The truly right people, the ones who can water your soul instead of plucking your petals, are often ignored.

At I see it, attraction is not something to be celebrated blindly.

It is just surface - if you stop at attraction, you will never know the sacred depths of real connection. Only by seeing through the illusions of attraction we can begin to understand the love.

Conclusion

Don't interpret me wrong reading this but someone had said that, "I am responsible only for what I said, not for what you understood." So, attraction is not wrong - it is simply incomplete. It is just a doorway, not the destination.

Those who mistake attraction for love, keep wandering from one face to another, from one illusion to the next, without ever finding peace.

In my personal opinion – real fulfilment doesn't come from liking someone - "as they are", blindly and passively - it comes from loving someone enough to want them to grow and growing with them. In a world, drunk on appearances and instant gratification, attraction is cheap and easy.

But true connection demands depth, awareness and a heart strong enough to wait, to understand and to rise above mere impulses. The right people, the real ones – they don't come decorated with immediate excitement - they arrive silently, they stay quietly and they nurture like silent rivers.

If you can look beyond the rush of attraction, if you can be patient with silence, then love – not made of harmones, but of consciousness will reveal itself to you. Then you will realize: attraction may light a spark, but only love can build an eternal fire.

My Quote

Attraction is a glance of eyes, love is a meeting of complete souls.

आकर्षण : एक खोखला आमंत्रण

मैं बड़ी ज़िम्मेदारी से कह रहा हूँ कि – आकर्षण कोई चमत्कार नहीं, यह तो बस शरीर और मन के रसायनों का एक छोटा सा खेल हैं।

मुझे तुम जैसे हो वैसे ही पसंद हो" ये सुनने में मधुर ज़रूर लगता है, पर अक्सर ये वाकया हमें वहीँ रोक देता है जहाँ हम अभी हैं। सच्चा प्रेम वो है, जो हमारे भीतर छुपी उड़ान को पहचानता है, ना कि हमें ज्यों का त्यों बनाए रखने की इच्छा रखता है।

मैं इस तरह सोचता हूँ कि – आकर्षण में चाहत होती है, प्रेम में समर्पण। आकर्षण छीनता है, प्रेम संवारता हैं।

मेरा मानना है कि जिसे तुम पसंद करते हो, उसे पकड़ना चाहते हो और जिसे प्रेम करते हो, उसे खुला आकाश देते हो। पसंद में स्वार्थ छिपा होता है, प्रेम में स्वतंत्रता की पुकार।

एक उदाहरण देता हूँ – फूल अगर अच्छा लगे या पसंद हो तो लोग उसे तोड़ लेतें हैं, परन्तु प्रेमी उसे जड़ों से सींचता हैं। आकर्षण बाहर की चमक से आता है, प्रेम भीतर के प्रकाश से जन्म लेता है। दुनियाँ अक्सर उन लोगों को अनदेखा करती हैं, जो बिना मुखौटे के अपने सत्य में जीतें हैं। सच को देखना, उसे अपनाना – साहस मांगता है। आकर्षण भीड़ में खो सकता है। परन्तु प्रेम अकेले भी ख़ुद को रौशनी की तरह जलाता है।

सच्चा प्रेम तभी खिलता है – जब भीतर का भ्रम टूटता है, और अपने ही भीतर एक निर्माण स्त्रोत को पाया जाता है|

कविता

कब? तुम्हारा दिल इतना सस्ता हो गया।

हर मुस्कान सच्ची नहीं होती।
दुनियाँ इतनी भी अच्छी नहीं होती।
सबको प्रेम का पता होता तो,
रिश्तों की बुनियाद कच्ची न होती।
सच्चे प्रेम को पाने का, कब ? सरल रस्ता हो गया,
तुम्हारे दिल पर कोई भी छा जाता है ?
कब ? तुम्हारा दिल इतना सस्ता हो गया॥

आकर्षण की आंधी में मत खोना,
ना हर आवाज़ को अपना कहना।
दुनियाँ ने स्वार्थपूर्ति हेतु,
न जाने कौन सा मुखौटा पहना।
देख! प्रेम की भीख मांगते, हाल तेरा खस्ता हो गया,

तुम्हारे दिल पर कोई भी छा जाता है ?
कब ? तुम्हारा दिल इतना सस्ता हो गया ||

जो सच के साथ – सबसे पहले होते हैं,
देखो वो दुनियाँ में सबसे अकेले होतें हैं |
प्रेम का उत्सव तो कहाँ ही होता है,
अब तो आकर्षण मात्र के मेले होते हैं ||
दुनियाँ का बोझ लेते – लेते, भारी जीवन का बस्ता हो गया,
तुम्हारे दिल पर कोई भी छा जाता है ?
कब ? तुम्हारा दिल इतना सस्ता हो गया ||

'कहीं बदल न जाना' यह कितना ज़हरीला वाक्य है,
जो तुम्हें बेहतर न बनने दे, उससे कैसी समाख्या है |
जितने धोखे खाए, वो तो अभी कुछ भी नहीं,
धोखेबाजों की तो जल्दी बढनी संख्या हैं |
कैसे इतनी आसानी से, नज़रों में ही रिश्ता हो गया,
तुम्हारे दिल पर कोई भी छा जाता है ?
कब ? तुम्हारा दिल इतना सस्ता हो गया ||

जो – जो तुमको जैसे भी, आकर्षित करती हैं,

जो तुम्हें छुटपन में, रहने पे हर्षित करती है।

मेरी एक बात हमेशा याद रखना,

ये तुम्हारे जीवन की गहराई को परिभाषित करती हैं।

बेहोशी में देखो, वो कैसे तुम्हारा फ़रिश्ता हो गया,

तुम्हारे दिल पर कोई भी छा जाता है ?

कब ? तुम्हारा दिल इतना सस्ता हो गया ॥

दृष्टिकोण :-

मैं अपनी दृष्टि की बात करूँ तो इस दुनियाँ में हर मुस्कान के पीछे प्रेम नहीं छुपा होता। बहुत बार जो हमें दिखता है, वह बस एक दिखावा होता है। मेरे हिसाब से तो जिसे हम आकर्षण समझ बैठतें हैं, वह अक्सर महज़ एक क्षणिक जादू होता है, कोई स्थायी सच्चाई नहीं।

सच्चा प्रेम कठिन रास्ता है – वह भीड़ से नहीं आता, न बाज़ार से ख़रीदा जाता है। जो प्रेम की भीख मांगते हैं, वो अक्सर ख़ुद के खोखलेपन को प्रेम का नाम दे देतें हैं। अगर हमारा दिल इतना सस्ता हो गया है कि हर कोई उस पर हक़ जमा सकता है, तो इसका मतलब है कि हमने ख़ुद अपने अस्तित्व की कीमत समझी ही नहीं।

आकर्षण की आंधी में उड़ जाना आसान है, लेकिन सच को थामने के लिए ख़ुद को मज़बूत बनाना पड़ता है।

सच्चा प्रेम मांगने से नहीं, ख़ुद को समझने और संवारने से आता है।

इसलिए ये ज़रुरी है कि हम हर मीठी आवाज़, हर नकली मुस्कान में प्रेम न ढूंढें।

पहले ख़ुद को जाने फिर प्रेम की राह में कदम रखें। अन्यथा हम सिर्फ़ दर्द, धोखे और खोखले रिश्तों के भंवर में ही फंसते रहेगें।

निष्कर्ष :-

निष्कर्ष में बस इतना ही कहूँगा कि आकर्षण की चमक बड़ी तेज़ होती है, जिससे उसकी रौशनी में अक्सर हम ख़ुद को खो बैठते हैं।

मैंने बहुत पहले कभी लिखा था कि – सच्चा प्रेम भीड़ का खेल नहीं, यह तो आत्मा की गहराईयों में उगने वाला एक नाज़ुक फूल है।

दुनियाँ की नज़रों में बदलने की चिंता करना छोड़ो। जिसे तुम्हारा सच्चा प्रेम समझना है, वह तुम्हारे बदलाव में भी तुम्हें पहचान लेगा, बाकी सब आते – जाते मौसम हैं।

जो ख़ुद को नहीं जानता, जो ख़ुद से प्रेम नहीं करता – वह कभी दूसरे को भी सच्चे प्रेम की भेंट नहीं दे सकता।

आत्म उद्धरण

अपने दिल की कीमत जानों, उसे हर गुज़रते मुसाफ़िर के हवाले मत कर दो।

Chapter – 5
Friendship In a Nutshell

Definition: -

Let me tell you something real - true friendship is rare and honest, it is not meant for everyone. Most of the people are even not qualified to make friendship with oneself and they are always curious to make someone other their friend.

As stoic philosophers used to say. -" we have to be mindful of the company we keep." Because believe it or not, the people around us quietly shapes who we become.

I am remembering of someone who had said that – "Hang around five smokers, you will be the sixth. Hang around five fit people, you will be the sixth. Choose your circle of influence wisely.

Friendship is not being popular or having a big circle. What I believe, it's about finding those few souls who truly help us grow - who challenges us and stay honest when other's won't.

Kabir Das Ji had said a beautiful line -

"Nindak Niyre Rakhiye 'which means keep your critics close, because they cleanse your soul and in many ways, a true friend does just that. He won't just praise you to please you. He will hold up a mirror and help you see, what you truly need to see.

A good friend helps you to rise. But a wrong one? He will smile at you while leading you quietly away from your path.

I want to be very clear here that friendship demands serious qualification and eligibility. Not everyone qualifies to be a true friend.

In today's world, where distractions, insecurities and selfishness runs high, I believe that almost 99% of people are not ready, nor worthy of true friendship.

I believe that first step toward friendship in not finding others – it is becoming your own best friend first. If you have not learned how to stand by yourself, guide yourself and correct yourself – you will never be able to stand truly beside someone else.

I am reminding Socrates, Baba Bulleh Shah – had said that friendship is not a game, it's a sacred responsibility. It is not for those who are restless, shallow or easily swayed. A true friend stands with you in silence, in storms and most importantly in your journey towards becoming your best self. At last I want to say that, one only understood by those who have first mastered friendship with themselves.

Poem

You Have to Qualify to Be My Friend

Not all who smile are here to stay,
Some warm you heart, then walk away.
I have seen sweet words lose their shine,
When though times came, they left mine.
I don't open doors just to defend,
You have to qualify to be my friend.

I have laughed alone under empty skies,
Wiped my own tears without goodbyes.
I know how hollow a promise sound,
When no real soul is truly around.
I don't believe in love that bend,
You have to qualify to be my friend.

Friendship is not a crowd to please,
It's not just laughter, jokes or ease.
It's holding hands when dreams fall down,
It's standing tall when others drown.
It's not for games that twist or bend,
You have to qualify to be my friend.

Be your own best friend first,
Heal your wounds, quench your thirst.
Don't seek in others, what you can't grow,
A broken cup cannot overflow.
Your heart must have its own trend,
You have to qualify to be my friend.

I don't need a thousand names,
I don't chase temporary fame.
Better one soul who truly stays,
Than a thousand faces who just praise.
I don't wear masks to fake or blend,
You have to qualify to be my friend.

I have trusted wrong hearts I admit,
Believed in lies and paid for it.
But each scar taught me to see,
Who is real and who can't be.
Now, I guard the love I send,
You have to qualify to be my friend.

Some may call it being cold,
But real love is fierce and bold.
I don't make bridges that won't lasts,
I don't make homes on shifting sands.
My heart is real, not made to pretend,
You have to qualify to be my friend.

If you can walk through fire and fear,
And still hold honesty near.
If you can stay when nights are long,
And share my silence like a song.
Then maybe we can both transcend,
You have to qualify to be my friend.

Viewpoint: -

Growing up, I always believed that friendship was an easy, natural thing.

For example – you meet someone, laugh a little, share few secrets and somehow magic happens. But time and wisdom books taught me truth about it.

Friendship I realized, is not for everyone. It's not about how many people know your name or how many sit besides you when life feels like a party. It's about who remains when you have nothing left to give.

I have felt the loneliness of standing in a crowd, feeling like no one really knows you. It hurts. But it also opened my eyes.

I understood that friendship is not a game, not a hobby, not something to collect. It is a responsibility. It needs strength loyalty, patience – and not everyone carries those within them. A blunt minded friend can pull you down faster than an enemy ever could. That's why I believe friendship needs qualification and eligibility. You cannot just open your heart to every passing face.

In today's world, where everything is about appearances, fake smiles and casual connections, finding a true friend is rarer than finding a diamond in dust.

As harsh as it may sound – 99% of people are not eligible for true friendship. I think the first qualification for friendship is that a person must first be their own best friend.

My Quote

If you don't know how to stand by yourself, you won't know how to stand by someone else.

That's why my poem says again and again "you have to qualify to be my friend." Because my friendship is not a favour, it's a sacred bond.

And only the ones who truly understand its value will ever walk beside me.

Conclusion: -

Friendship is not about how many people you know. I believe it's how deeply you are willing to trust, and how bravely you are ready to walk with someone through storms.

It's not made in noisy gatherings or casual talks- it is built slowly like a home, brick by brick, truth by truth. In this journey of life, it is better to walk alone than to walk with wrong ones. A true friend adds value to your existence, encourages your growth, protects your dreams and respects your silence.

I have learned to choose people carefully – not out of pride, but out of deep respect for what friendship truly means. It is rare. It is precious. It must be protected. I believe not everyone deserves a place beside your heart.

Not everyone deserves the right to call themselves your friend.

Before offering your friendship, remember: you are offering a piece of your soul. Make sure it goes only to the ones who are truly qualified to receive it.

My Quote

Show me your friends, I will show your future.

मित्रता: एक कठिन चयन

परिभाषा :-

जैसा मैंने पहले ही स्पष्ट कर दिया है कि – मित्रता कोई खेल नहीं हैं, ये एक ज़िम्मेदारी है | हर किसी से दोस्ती नहीं की जाती – दोस्ती के लिए भी इंसान को काबिल होना पड़ता है | मेरा मानना है कि यदि दो लोग ख़ुद अधूरे हैं भीतरी तौर पर, तो उनकी दोस्ती भी बस एक सहारा बनकर रह जाती हैं, जो एक दिन टूट जाती हैं |

सच्ची दोस्ती उन लोगों के बीच होती है, जो ख़ुद से भी दोस्ती कर चुकें होते हैं |

आजकल हर कोई कहता है कि वह अच्छा दोस्त हैं | लेकिन अगर मेरी मानों तो सच ये है कि ज़्यादातर लोग ख़ुद के भी अच्छे साथी नहीं बन पाएं हैं |

जिनके दिल में शांति नहीं, जिनके मन में गहराई नहीं हैं – वो किसी के लिए सच्चा दोस्त नहीं बन सकते |

दोस्ती आसान नहीं हैं | ये भीड़ में दोस्त बनाने का खेल नहीं हैं | ये उन चंद लोगों के बीच होता है, जो रिश्तों का सम्मान करना जानते हैं | जो ख़ुद की ज़िन्दगी संवार चुके हैं, वही दूसरों की ज़िन्दगी को भी संवार सकतें हैं | इसलिए हर कोई दोस्ती का हकदार नहीं होता | पहला कदम यही है – ख़ुद का सबसे अच्छा

मित्र बनों। जब तुम ख़ुद से प्यार करना सीख जाते हो, तब ही तुम किसी और से सच्ची दोस्ती कर सकते हो।

कविता

पहले ख़ुद का दोस्त तो बन जा

ख़ुद का कुछ भी पता नहीं है,
मन का मैल अभी मिटा नहीं है।
दुनियाँ की भीड़ में, मसरूर अभी तू,
लगता है ज़िन्दगी ने पीटा नहीं है।
इतनी जल्दी भी कहाँ की है, तुझको,
रुक तो ! सुन तो ले, थोड़ा थम जा।
किसी और से दोस्ती बाद में करना,
पहले ख़ुद का दोस्त तो बन जा॥

एक बेहोश – बेहोशी में,
दूसरे बेहोश को ढूंढ रहा।
सच को प्रत्यक्ष देखकर भी,
कैसे आँखें मूँद रहा।
ख़ुद को जानने का कष्ट तो कर,

सच्चाई के होश में तो रम जा।
किसी और से दोस्ती बाद में करना,
पहले ख़ुद का दोस्त तो बन जा॥

दिल में शांति कहीं नहीं,
मन में गहराई न तेरे।
फ़िर कैसे किसी और की रातों को,
बनाएगा बदलाव के सवेरे।
बस ! इतने में चुभ गई मेरी बातें,
ठहर जा ! और थोड़ा सुन जा।
किसी और से दोस्ती बाद में करना,
पहले ख़ुद का दोस्त तो बन जा॥

ख़ुद से तो बचकर भागता रहता है,
दूसरे को उससे कैसे मिलाएगा।
या जबतक स्वार्थ होगा – साथ रहेगा,
स्वार्थ ख़त्म तो छोड़ जाएगा।
मैं तो इतना ही कहूँगा बस ! कि....
ख़ुद को देख! वीर की भांति तन जा।
किसी और से दोस्ती बाद में करना,
पहले ख़ुद का दोस्त तो बन जा॥

दृष्टिकोण :-

मेरी कविता को पढ़कर आपको ये तो पता लग ही गया होगा कि मित्रता के विषय में मेरे विचार क्या हैं | मित्रता एक सहज घटना नहीं है, और न ही ये कोई संयोग हैं | मेरी इस कविता के माध्यम से मैंने यही कहना चाहा है कि – दूसरों से दोस्ती करने से पहले, इंसान को ख़ुद से दोस्ती करनी चाहिए |

मेरा मानना है कि जब तक कोई व्यक्ति अपने भीतर के डर, भ्रम और बैचैनी को नहीं पहचानता, जब तक वह ख़ुद को नहीं समझता, तब तक उसकी किसी और से की गई मित्रता खोखली रहेगी |

आज के समय में लोग अपने आप से ही भागते रहतें हैं | बिना ख़ुद को जाने, बिना अपने मन की गहराई को टटोले, वे दूसरों से जुड़ने का प्रयास करते हैं – और जब रिश्ते टूटते हैं, तो वे दुखी होते हैं |

मेरा मानना है कि सच्ची मित्रता तब शुरू होती है, जब हम अपने भीतर के शोर को शांत कर लेते हैं, जब हम ख़ुद को बिना किसी दिखावे के अपनाते हैं |

मेरी कविता में यही आग्रह है :-पहले ख़ुद के भीतर उतरो, ख़ुद को समझो, ख़ुद को स्वीकारो | जब तुम ख़ुद के सच्चे मित्र बन जाओगे, तब तुम्हारी मित्रता दूसरों के लिए भी वरदान बन जाएगी| क्योंकि अधूरे लोग अधूरे रिश्ते बनाते हैं, और पूर्ण लोग पूर्ण रिश्ते निभाते हैं |

निष्कर्ष : -

निष्कर्ष में बस इतना ही कहूँगा कि मित्रता एक सौभाग्य है, लेकिन यह बिना तैयारी के नहीं मिलती |

मेरा मानना है कि जिसने ख़ुद को नहीं जाना, जो अपने भीतर के सवालों से भागता रहा, वह दूसरों के साथ सच्चे रिश्ते निभा ही नहीं सकता |

मैंने अपने जीवन से एक कड़ा सच सीखा है, कि जो ख़ुद अपने दर्द, अपनी कमजोरियों और अपनी सच्चाईयों से दोस्ती कर लेता है, वह दूसरों के जीवन का भी सच्चा साथी बन सकता हैं |

मेरा मानना है कि मित्रता भीड़ में सबसे अलग खड़े होने का साहस मांगती हैं | जहाँ लोग दिखावे और मतलब में उलझें हैं | वहां सच्ची मित्रता स्वयं एक क्रांति जैसी होती हैं | इसलिए मित्रता को हल्के में नहीं लेना चाहिए | अंत में बस इतना ही कहना चाहूँगा कि मित्रता केवल साथ चलने का नाम नहीं है, बल्कि बिना कहे भी एक – दूसरे की आत्मा को समझने की अदभुत कला हैं |

आत्म उद्धरण

सच्ची मित्रता बाहरी मिलन नहीं है – यह भीतर के दो विश्वों का मिलन हैं |

Chapter – 6

Love: The Sacred Fire

Definition: -

Before saying about this topic, I know this will take time to elaborate. If you want to understand my views on love then you have to read this chapter deeply.

I believe that love is not something that happens by chance: It is a sacred fire that must be earned, understood and lived. It is not for those who want to remain asleep, lost in their own comforts. It is for those who are ready to live fully awake, free and deeply conscious.

I believe, Love demands the highest price – the price of your ego, your fears and your need to control.

It is not about finding someone to fill your emptiness: it is about overflowing from within, so that you touch sky itself.

I believe that true love is not born out of desire or greed. Desire tries to capture and possess, but love sets you free. Desires keeps you the same, stuck in your patterns, while love transforms you forever.

In love there is no certainty, no promises of a perfect future – because once you truly love, you yourself are no longer the same. You are burned, reshaped and reborn in the sacred fire of love.

I want to clear that, Love is not about fitting into the world of gaining approval. It is about standing beyond the society, world, fearless and silent – a flame that needs no permission to burn.

Those truly love, do not bow their heads for the sake of society. Their eyes remain raised – towards truth, towards freedom, towards the vastness within.

I believe that love is not a natural habit that comes easily. It must be learned, lived and protected like the rarest treasure – and only those who are ready to give everything they have, will ever know what is truly meant to love.

I deeply believe that love is not a social agreement, not merely a physical attraction, nor a game of desires. True love is purely spiritual – a sacred fire that burns beyond the body and beyond the world's rules.

Even when two souls come together as a couple, it is not for filling each other's emptiness but for celebrating the completeness they have discovered with themselves.

In true love, the union is not of bodies or names, but of silent hearts touching the infinite sky. Only those who are willing to live in this sacred flame can truly call it love.

Poem

Love: Where Only the Brave Survive

I looked for love in worldly fame,
But all I found was hollow name.
I touched the sky with dreams so wild,
Yet inside, I stayed a weeping child.
I tried and tried but couldn't revive,
In love, only the brave survive.

I thought love was a silent song,
But silence showed where I was wrong.
I tried to mold it to my way,
But real love doesn't obey or sway.
It burns you first, then makes you alive,
In love, only the brave survive.

Love isn't in the gifts or broken sighs,
Nor in the promises or pretty lies.
It's in the fall, the deepest fall,
Where you lose yourself and hear the call.
Where hearts are broken, yet they strive,
In love, only the brave survive.

The greedy comes with a selfish hand,
But love demands you to leave the land.
No past, no name, no ego's pride,
Just empty arms and open – wide.
It asks your soul, not skin to thrive,
In love, only the brave survive.

True lovers walk on burning coal,
Their smiles carved from endless soul.
They don't count days, they don't seek fame,
They don't even ask for a name.
Their dreams are dead, but hearts alive,
In love, only the brave survive.

Those who seek to own and cage,

Will never cross this sacred stage.

Love isn't born for comfort's bed,

It rises strong from ashes dead.

It gives no warnings, but will arrive,

In love, only the brave survive.

Viewpoint: -

My viewpoint could be controversial but what I believe is– most of people believe love is about finding someone – someone to fill the gaps, someone to heal the wounds, someone to complete their stories.

But I believe that true love is not about filling emptiness, it is about burning away everything false inside you.

Love is a sacred fire. It demands no promises, no pretty words, but a brave heart - willing to fall, to lose, to change. It doesn't settle for half-hearted efforts or borrowed dreams. It only accepts the whole truth of who you are.

In love, you cannot remain, who you were yesterday.

If you survive, you will survive not as a person of the past, but as someone reborn, raw and real. Only those who have the courage to let go of themselves can even take the first step towards love.

The world speaks loudly about the love – through songs, stories and screens. But love itself is silent, waiting within. It can never be owned, it can never be forced. It is a freedom, not a prison, a surrender, not a conquest.

Love is not a need, it is not a search. If I have to say clearly about it then – it is a flower blooming when the heart has learnt to live without needing anything.

If we talk about today's world, where attachment, desire and unconscious living are confused with love – it takes unimaginable bravery to live in true love.

It is not for those who fears loneliness. It is not for those who want guarantees, promises or possession.

It is for those who are ready to walk alone, burn in their own fire and still open their arms wide without any fear. Because in the end….

In love, only the brave survive.

Conclusion: -

Love is not for the faint hearted. It is not an escape form loneliness, nor a decoration for life's emptiness. It is a sacred fire that demands your truth, your surrender and your higher consciousness. Those who seek love must first be willing to be broken, rebuilt and reborn. Because in the end, not everyone can carry the weight of real love – Only the brave, the silent and the free can survive its fire.

My Quote

Two lovers meet not to consume each other – but to mutually sublimate one another to celebrate their completeness together.

प्रेमः मौन की अग्नि

परिभाषा :-

प्रेम कोई साधारण भावना नहीं हैं | मेरे मत में ये न तो सामाजिक दिखावा है, न देह से जुड़ा आकर्षण और न ही मन का छलावा |

एक वाक्य में कहूँ तो –

प्रेम तो आत्मा के मौन से उपजी एक पवित्र अग्नि है – जो भीतर गहरे जलती हैं, और बाहर से बस एक शांति का उजाला फैलाती हैं | सच्चे प्रेम में, मैं और तुम के बीच में एक आकाश होता है – एक ऐसा आकाश जो पकड़ने की नहीं, केवल देखने की (साक्षीभाव) की ही वस्तु हैं |

जहाँ कोई दावा नहीं, कोई अधिकार नहीं, सिर्फ़ मौन में खिलती एक स्वतंत्रता है |

संत कबीर भी कह गए हैं :-

“प्रेस गली अति सांकरी, तामें दो न समाय |”

अर्थात (प्रेम की गली इतनी संकरी है कि इसमें दो नहीं समा सकते – वहां केवल एक ही होता है, जो ख़ुद को खो देता हैं |)

मैंने बार – बार इस पंक्ति पर जोर डाला है –

प्रेम वह यात्रा है, जहाँ प्रेमी बदलता है। क्योंकि प्रेम आग की तरह होता हैं, जो पुराने को जलाकर नया जन्म देती हैं।

कामना करने वाला कभी भी नहीं बदल सकता, क्योंकि वह हमेशा कुछ पाने में उलझा रहता है। इसपर कबीर साहब की दोहापूर्वक पंक्तियाँ याद आ रही है जो मेरी उप्लिखित पंक्तियों का सर्मथन करती हैं।

प्रेम प्याला जो पिए, शीश दक्षिणा देय,

कामी शीश न दे सके, नाम प्रेम का लेय।

जिसे भविष्य का डर है, वह प्रेम में कभी कूद नहीं सकता, क्योंकि प्रेम एक छलांग है – अज्ञात की ओर, अनिश्चितता की ओर।

प्रेम केवल उन लोगों के लिए है, जो होशपूर्वक जीना चाहतें हैं। जो भीड़ में खोते नहीं, अपने भीतर खिलने के लिए जीतें हैं।

यह एक साधना है – जिसमें अहंकार की आहुति देनी पड़ती हैं, स्वार्थ के किले ढहाने होते हैं, और मौन की अग्नि में तपकर स्वयं को शुद्ध करना पड़ता हैं।

अगर मैं आज के समय को देखूं तो आज के समय में जब प्रेम को शरीर, समाज और सौदेबाज़ी में उलझा दिया गया है। वास्तविक प्रेम अब भी मौन के उन गहरे जलस्त्रोतों में बहता है, जहाँ आत्माएं बिना शर्त के मिलती हैं – न मांगती है, न थामती हैं।

सच्चा प्रेम न देह से, न समाज से, न स्वार्थ से – वह केवल आत्मा से होता हैं।

जब दो प्रेमी आत्मा से मिलतें हैं, तो वे एक दूसरे को बंधन नहीं, आकाश देते हैं| उनका मिलना भी स्वतंत्रता है और बिछड़ना भी गरिमा |

मेरा मानना हमेशा से यही रहा है कि प्रेम को सीखना पड़ता है, और इसकी कीमत सबसे ऊंची है – जान से भी मंहगा है प्रेम | चूंकि आम आदमी प्रेम की कीमत नहीं दे पाता, इसलिए वह प्रेम के नाम पर उलूल – जूलूल हरकतें करता हैं |

प्रेम के पड़ाव – स्वयं को समर्पित करना, स्वयं को भूल जाना और मौन की अग्नि में जलकर नया जन्म लेना |

कविता
प्रेम में मिटना होगा

प्रेम कभी सीखा ही नहीं,
और चले प्रेम की भीख मांगने।
खोखलापन अपने अन्दर का लेके,
लगे बड़ी – बड़ी तुम हांकने।
हवस को प्रेम का नकाब उतारकर,
निश्चित ही पीछे हटना होगा।
यदि प्रेम की चाहत रखते हो तो,
तुमको पहले मिटना होगा॥

प्रेम बड़े सूरमाओं का खेल हैं,
भीड़ का इसमें कोई काम नहीं।
सब स्वतंत्र है, इसकी राह में,
किसी के हाथों में कमान नहीं।
पूछो ख़ुद से, क्या मैं लायक भी हूँ ?

अगर नहीं ! तो तुमको छंटना होगा |
यदि प्रेम की चाहत रखते हो तो,
तुमको पहले मिटना होगा ||

तुम्हारी सोच, तुम्हारी भावनाएं,
दूसरों से ही तो आती हैं |
और प्रेम कैसे किया जाता है,
घटिया फ़िल्म की घटिया अभिनेत्री तुम्हें सिखाती हैं |
करो विश्लेषण ख़ुद का तुम ही,
तुम्हारा मन मिलावटी कितना होगा |
यदि प्रेम की चाहत रखते हो तो,
तुमको पहले मिटना होगा ||

क्या ? तुमने ऐसा, अर्जित किया है ?,
जो तुम प्रेम के पात्र हो |
कुछ वास्तविकता भी है तुममें,
या बस कल्पना मात्र हो |
कम जकड़ोगे दूजे को ख़ुद से,
इश्क गहरा जितना होगा |
यदि प्रेम की चाहत रखते हो तो,
तुमको पहले मिटना होगा ||

जितने प्रेमहीन होंगे तुम,

दूजे को उतना पाश दोगे।

और प्रेम को थोड़ा भी जान लिया तो,

प्रेमी को खुला आकाश दोगे।

अगर ठान लिया इस राह पर चलने का,

निश्चित ही जगकर उठना होगा।

यदि प्रेम की चाहत रखते हो तो,

तुमको पहले मिटना होगा॥

दृष्टिकोण :-

प्रेम मेरे लिए तो कम से कम बड़ा भारी शब्द है। प्रेम कोई सजावट नहीं है, ना ही कोई सजाई हुई कहानी। प्रेम एक ऐसी आग है, जो पहले तुम्हें पूरा जलाती है – तुम्हारे अहंकार को, तुम्हारी हवस को, तुम्हारे भ्रमों को।

मेरा मानना है कि जो अपने खोखलेपन के साथ प्रेम की भीख मांगते हैं, वो सिर्फ़ मोह और लोभ के शिकार बनकर रह जाते हैं।

देखो प्रेम कोई आसान चीज़ नहीं है। ना वो फिल्मों का बनावटी रोमांस है, ना दोस्तों की कही – सुनी बातों व कहानियों का सपना।

प्रेम एक आग है – जिस आग में पहले ख़ुद को जलाना पड़ता है। जब तुम अपने अन्दर के खोखलेपन के साथ प्रेम मांगने जाते हो तो असल में तुम कुछ और ही ढूंढ रहें होते हो – हवस, ज़रुरत, सहारा। तुम ख़ुद ही नहीं जान पाते कि वो प्रेम नहीं, बस एक मोह की डोर है।

सच कहूँ तो तुम्हारी भावनाएँ, सोच, मन ये सब दूसरों से उधार ली गई चीजें हैं। कभी फिल्मों से, कभी कहानियों से, कभी समाज से तो कभी दुनियाँ से। फिर तुम कैसे सच्चे प्रेम का अनुभव करोगे।

मेरी मानो तो पहला कदम यही होगा कि – ख़ुद से पूछो, -

क्या मैं सच में प्रेम के लायक भी हूँ ?

अगर जवाब, नहीं ! आता है तो सर्वप्रथम प्रेम सीखना होगा। ख़ुद को मिटाकर, ख़ुद को नंगा करके, एकदम सच्चाई में ख़ुद से मिलना होगा।

एक बात हमेशा याद रखना –

जब दो लोग इस पवित्र प्रेम में मिलतें हैं, तो वो एक – दूसरे को जंज़ीरें नहीं पहनाते, बल्कि खुला, मुक्त और गहरा आकाश देतें हैं।

निष्कर्ष :-

देखो, प्रेम कोई मामूली भावना मात्र नहीं हैं। ये एक अंतर्यात्रा है – जहाँ हम अपनी पुरानी सोच, अपनी मिलावट भरी पहचान और अपनी अधूरी इच्छाओं को तोड़कर ही कदम रख सकतें हैं।

मैं मानता हूँ कि प्रेम के लिए सिर्फ़ चाह काफ़ी नहीं, अपनी पूरी हस्ती का समर्पण चाहिए। प्रेम सिर्फ़ तब संभव है, जब व्यक्ति अपने आपको एक पवित्र आग में जला दें, जहाँ बस सच्चाई बची रहे, बस प्रेम की सुगंध बची रहे।

मैंने हमेशा कहा है कि –ये समझना ज़रूरी है कि दुनियाँ का प्रेम अक्सर व्यापार होता है – मैं कुछ दूं, कुछ लूं। लेकिन जो सच्चा

प्रेम है, वह न कुछ मांगता है न बांधता है| वह केवल देता है | और वो देना भी अपने अस्तित्व से बिना किसी शर्त के होता है |

अंत में मैं बस इतना ही कहूँगा – प्रेम एक आत्मा का उत्सव है – जिसमें न तो कल की चिंता है, न दुनियाँ का कोई डर |

आत्म उद्धरण

प्रेम सिर्फ़ उनका अधिकार है, जो अपने अस्तित्व को मिटाने के लिए तैयार हैं |

Chapter – 7
Marriage: From Soulmate to Cellmate

Definition: -

I think it is going to be very controversial topic after giving my own definition to marriage.

Marriage, in its truest and purest sense should never be a social obligation or a scripted ritual imposed by society. It should be a conscious, meaningful and soulful union between two individuals who come together – not to consume each other's bodies, but to uplift, understand and sublimate one another.

However, what we see around us, especially in the Indian context, is for from this ideal.

In my belief 99% of marriages today – particularly in India – are fundamentally flawed. They are not born out of love, awareness or the desire of mutual growth. Instead, they are a product of a belief based society that glorifies tradition without wisdom. Someone had said that "When two lovers dies, on their corpses husbands and wives are born or made. Here, marriages has been reduced to a social institution rooted in animalistic sexual desires, dresses up in the name of culture and duty.

It is compulsory, expected and transactional but rarely transformational.

But let me be clear – I am not against marriage. I am against the blind system of marriage that society upholds. I oppose the kind of marriages that suffocates individuality, freedom and truth or instead glorifies bondages, expectations and mindless conformity. A marriage that is built on society's script - dictating whom to marry, when to marry, and how to live after marriage – is nothing but a life sapping prison.

True marriage on the other hand, is not based on the compulsion but in deep awareness. In my wisdom, If two people – rational, self-aware, compassionate and free – come together to support each other's becoming, if their centre is love, freedom and mutual sublimation, then nothing is more divine than that. Two lovers who bring greatness to one another through their presence are for more powerful than any religious or social stamp.

In society, where true love is unaccepted, two types or marriages are practiced. Arrange and so called Love marriage. If I have to give my own definitions to these both type of marriages, then it will be very clear. **In this animalistic, belief based shoddy society, arrange marriage is the institution where parents arranges the body of another for their child. On the other, do not think that love marriage is better than this. Society's love marriage is also an institution where without or with acceptance of parents, oneself finds body to**

consume in the name of love by own. Both type of social institutional marriages only seeks for body of partner to consume or possess. There is nothing to do with sublimation and freedom of each other in society.

Sex, in that case, is not shameful – it becomes pure if it is an expression of love and not a transaction of lust, it is completely human. The shame do not lies in a sexual intimacy, but in the objectification of one's partner solely for that - discarding the potential of intellectual, emotional and spiritual bonding.

India sadly stands as a mirror of this distortion – a hub of marital rapes, dowry crimes and female infanticides, where research proves that every hour at least 3 cases of domestic violence, murders or suicides occur due to dowry. This shows that marriage is not necessarily a blessing – it can be a destructive trap, if entered unconsciously or compulsolarly.

What I think is that – marriage should not be mandatory. If you find someone who understands your freedom, who respects your individuality and who believes in mutual elevation, go for it. But if such a person not in sight, do not lower your standards and never feel ashamed of choosing to remain unmarried. It's far better to be alone in awareness than together in ignorance.

And here's the core truth: you can only create a healthy, loving relationship, if you are free yourself. If you are not internally liberated, you will only pass on your own bondage and brokenness to your partner.

In my thinking, marriage without freedom is mutual slavery, not a union, love without awareness becomes emotional blackmail. And life without selfhood is simply existing, not living.

So, let your marriage – if it happens – be a choice of conscious, qualified love not a social drama. Let it be a platform where you and your partner grow into greatness, rather than fall into survival. Let it be about sharing your soul, not trading your body. That is the kind of marriage worth living for.

Poem

Marriage: A Scripted Bond

Society says, "Get married, be wise,"
But hides the truth behind its lies.
No real love just roles to play,
Two strangers acting every-day.
They walk together, but not beyond-
This is not love, it's just a scripted bond.

Marriage here is not by heart,
It's just a show, each plays their part.
No freedom there, just social chains,
Hiding pain behind sweet names.
They smile, but their truth is conned-
This is not love, it's just a scripted bond.

They never asked, what makes your grow?
Just followed what the crowd would show.
No questions asked, no depth- no fire,
Just habits dressed as pure desire.
Their story, by the herd was spawned –
This is not love, it's just a scripted bond.

But marriage should be more than this,
A space of truth not just a kiss.
When minds unite and hearts expand,
Two souls can build a life so grand.
No lies, no fear, no mask beyond-
This is not love, it's just a scripted bond.

True love is not a cage or task,
It doesn't hide behind a mask.
If there's no growth, no soul, no voice,
Then marriage was not a free choice.
Just social rules they all respond-
This is not love, it's just a scripted bond.

Viewpoint: -

I am questioning the societal idea of marriage with my poem, especially in cultures where it is treated as a compulsory scripted institution centred around physical union, not emotional or spiritual growth. It highlights how most marriages are social performances, where love is replaced by duty and freedom by conformity. My poem echoes the belief that marriage should only happen between two free aware individuals who seek each other's growth and truth. If marriage doesn't uplift the soul or awaken mutual greatness, then it's nothing but a beautiful decorated cage. True relationship must be rooted in conscious choice, no societal pressure.

Conclusion: -

In my observation – marriage, when led by society's script, often silences love and kills individuality. But when it is born from freedom, love and truth, it becomes a journey of mutual elevation.

My Quote

Marriage without freedom, truth and love is just a decorated cage.

विवाह : बेहोश संबंध

परिभाषा :-

मुझे नहीं पता कि मेरे अनुभव किए गए इन कड़वे सत्यों को सुनकर या पढ़कर पाठकों की क्या प्रतिक्रिया होगी पर अगर सच कहूँ तो विवाह, आज के समाज में एक ऐसी संस्था बन चुकी है जो प्रेम, समझ और चेतना की जगह केवल शारीरिक आकर्षण और सामाजिक पूर्वनिर्धारित सूची पर टिकी हैं| विशेष रूप से भारत में, जहाँ समाज ज्ञान आधारित नहीं बल्कि मान्यता आधारित हैं - जहाँ विवाह एक अनिवार्य सामाजिक कार्यक्रम बन गया है – ऐसा कार्यक्रम जो इंसान की आत्मा, उसकी स्वतंत्रता और उसकी संभावनाओं को डूबा देता है |

मुझे विवाह से आपत्ति नहीं हैं | होश में विवाह करोगे तो बड़ा सुन्दर व शुभ होगा तुम्हारा विवाह | मुझे आपत्ति उस संबंध से है, जो केवल शारीरिक भोग पर केन्द्रित है | जहाँ दो लोग एक – दूसरे की आत्मा को समझने या उन्नत करने नहीं, बल्कि सामाजिक ढ़ांचे में फ़िट होने के लिए एक जुट होतें हैं | यदि दो लोग प्रेम, समझदारी और परस्पर उन्नति के लिए साथ आते हैं, तो मुझसे बड़ा विवाह समर्थक ढूंढ पाना कठिन होगा | लेकिन दुःख की बात तो ये है कि मैंने ऐसा अब तक कहीं नहीं देखा |

भारत वैवाहिक बलात्कारों, दहेज हत्याओं, स्त्री भ्रूण हत्याओं व सम्मान रक्षा हेतु की गई हत्याओं जैसे अपराधों का केंद्र बन चुका है। हर घंटे दहेज से जुड़ी आत्महत्याएं, हत्याएं और हिंसा के मामले सामने आतें रहते हैं और समाज फिर भी इसे संस्कार कहता है।

सच तो ये है कि जब दो प्रेमी मरते हैं, तब उनके शवों पर पति और पत्नी जन्म लेते हैं और मैं व्यक्तिगत तौर पर कहता हूँ कि मैं उस खोखले रिश्ते का हिस्सा नहीं बनना चाहता जिसमें दोस्ती, आज़ादी और आत्मिक जुड़ाव दम तोड़ देते हों।

मेरा जानना है कि अगर कोई रिश्ता चेतन होकर बना हो, जिसमें दो स्वतंत्र और समझदार लोग शामिल हों, तो वह विवाह न होकर एक सृजनशील प्रयोग होगा। लेकिन यदि कोई केवल शरीर की भूख मिटाने आए और अपने साथी की महान संभावनाओं की हत्या करे, तो वह विवाह नर्क से कम नहीं।

समाज अगर तय करे कि कब और किससे विवाह करना है, तो समझो तुमने पहले ही अपनी स्वतंत्रता बेच दी है। कोई भी व्यक्ति जब तक स्वयं स्वतंत्र नहीं होगा, वह किसी और को भी आज़ादी नहीं दे पाएगा। वह प्रेम भी नहीं दे सकता। सच में, विवाह तब ही होना चाहिए जब वह स्वतंत्रता, सत्य और आत्म विकास के लिए हों। अन्यथा, यह केवल दो गुलामों की एक बंदिश हैं – एक बेहोश संबंध मात्र हैं।

कविता

ये विवाह नहीं, एक बेहोश संबंध है

जो मिलन था कभी आत्मा का,
आज बन गया केवल रस्मों का।
जिससे प्रेम गहरा होता था,
बना वो खेल झूठी कसमों का।
जिसमें एक दूजे का भला, बिलकुल ही बंद है,
ये विवाह नहीं, एक बेहोश संबंध है॥

न प्रेम की भाषा, न समझ का रंग,
बस दिखावे की धुन और समाज का ढंग।
जो आज़ादी को निगल जाए चुपचाप,
वो कोई पवित्रता नहीं, एक साजिश है साफ़।
जहाँ एक साथ रहते हुए भी, एक – दूजे से असंग हैं,
ये विवाह नहीं, एक बेहोश संबंध है॥

जहाँ दहेज में बिकती है बेटी,
और सम्मानित होती है उसकी चुप्पी।
जहाँ खून से लिखी जाती है परंपरा,
वहां जन्म लेता है एक नया पिंजरा।
जहाँ चेतना का मूल्य नहीं, बस शारीरिक भोग का प्रबंध है,
ये विवाह नहीं, एक बेहोश संबंध है॥

अगर प्रेम है, तो हो आत्मिक उन्नति,
ना हो स्वार्थ, ना हो सिर्फ़ तन की गिनती।
जहाँ विचार मिलकर नया संसार रचें,
तभी रिश्तों में कोई जागरूकता बचें।
जहाँ सच्चाई के निशान नहीं, झूठी आवाज़ें बुलंद हैं,
ये विवाह नहीं, एक बेहोश संबंध है॥

जो रिश्ता बने बस समाज के डर से,
ना हो उसमें स्वीकृति दिल के भीतर से।
जहाँ हाँ करनी पड़े, हृदय के खिलाफ़,
वो रिश्ता नहीं, है बस एक सौदा साफ़।
जहाँ कोई न पूछता हो तुमसे,
कि तुम्हारी क्या पसंद है,
ये विवाह नहीं, एक बेहोश संबंध है॥

दृष्टिकोण :-

मेरी इस कविता का बस एक छोटा सा दृष्टिकोण ये है कि जब कोई रिश्ता सिर्फ़ समाज की मर्ज़ी से जुड़ता है, और उसमें ना प्रेम होता है न समझ तो वह रिश्ता एक बोझ बन जाता है। इस कविता में मैंने बस यही सच्चाई कही है या कहने की कोशिश की है कि, अगर विवाह आत्मा से नहीं, बस शरीर या डर के आधार पर हो, तो वो बस 'एक बोहोश सम्बन्ध' बनकर रह जाता है।

प्यार, आज़ादी और समझ अगर गायब है, तो साथ होना भी अधूरा व अकेले रहने के बराबर ही है।

निष्कर्ष :-

मेरा सीधा मानना है कि 'विवाह तभी करें जब आत्मा से जुड़ाव हो, वरना अकेले रहना भी सम्मानजनक है।

सिर्फ सामाजिक डर से बंधन में बंधना, जीवन से गद्दारी हैं।

आत्म उद्धरण

जहाँ प्रेम मौन हो और ज़िम्मेदारी बोझ – वहां विवाह एक जागती हुई बेहोशी हैं।

Chapter – 8

Society: The Invisible Chains

Definition: -

When we, talk about 'society' we often imagine it is a safe, supportive place. But if you look closely, society is actually a web of invisible chains -binding your thoughts, dreams and true individuality.

In my eyes, society is divided into two kinds: the herds and the geniuses. Herds are those people who blindly follows the script of society hands them – never questioning, never truly discovering themselves. And then there are the geniuses, some stay hidden behind the curtains, contributing deeply in silence, while some others openly break every societal rule and carve their own path for greatness.

Especially in India, what I think society isn't knowledge based – its belief based and these beliefs don't arise from philosophy, science, or truth – they are born out of hollow traditions and superstitions, often in the name of religion.

To me society is like a swamp in a wild forest – dragging down the human spirit, killing mental and spiritual growth.

That's why I would always choose freedom over social approval, no matter what price I have to pay.

Living free is a battle, but living as a slave to a broken society is a betrayal to your own soul. I have made my choice: even if it means walking alone like Spinoza, I would rather die with my freedom intact than living chained by shallow norms of society.

Society rewards pretense, not truth, and unless we break free from its grip, we can never truly live at our highest potential.

If I talk about myself personally – I refuse to wear the mask society offers me. I reject a life lived in borrowed dreams and dead beliefs. I will choose the lonely path of truth, even if the world stands against me – because in the end, it is better to be a lone flame in darkness than a blind follower in a herd marching towards nowhere.

Poem
I Walk Alone into The Light

They build their walls with hollow laws,
And bind our minds with ancient flaws.
They fear the soul that dares to rise,
Who sees through all their velvet lies.
I tear their chains with silent might,
And I walk alone into the light.

They preach of dreams they never dream,
Their rivers dry, they kill the stream.
They worship gold and sell their skies,
They feed on comfort, choke on lies.
I drink from storms, from truth I write,
And I walk alone into the light.

They dress in masks and call it pride,
They live in fear, yet always hide.
They kneel before the paper crown,
And drag each rising spirit down.
I burn their scripts without a fight,
And I walk alone into the light.

They call me mad, they call me wrong,
But my silence is their ending song.
For when the herd forgets to feel,
The rebel's wounds alone will heal.
I'll lose the world but keep my sight,
And I walk alone into the light.

They borrowed dreams, their stolen creed,
Cannot fulfill a rebel's need.
For I was born from fire and dust,
To carve a world from ash and trust.
I plant my flag on sacred height,
And I walk alone into the light.

Viewpoint: -

You know, on the surface, society looks like a place made for connection, comfort and belonging. But if you stop and really observe – not from what they have taught you, but from your own eyes - you start seeing something else. You see invisible chains – quiet rules. Silent pressure. A pattern you are supposed to follow without ever asking, why?

Society doesn't really help you grow into your true self, It teaches you how to fit in, not how to stand out. It rewards those who follow – not those who questions or create something new. And when someone dares to live differently, when someone chooses truth over comfort, society gets uncomfortable. I have seen two kinds of people – those who follows the script blindly - I call them the last men – and those rare ones who think deeply, create boldly and choose their own path, no matters how hard it is. Society doesn't like these different minds. It tries to silence them or pull them back into the crowd.

But here what I believe – your real growth, your true potential, begins the day you stop letting society control you. It's not about fighting with others. It's about choosing your own voice over their noise.

That's how freedom begins – from within.

Conclusion: -

In the end, society will always try to tell you who should be.

It will offer you comfort, acceptance and applauce – but at the cost of your own truth and freedom.

The real challenge is not to fight society with anger, but to quietly step outside its invisible walls with awareness.

Freedom is not a loud rebellion – It is a silent, powerful choice you make – everyday – to belong to yourself first, before you belong anywhere else.

Walk your own path. Even if it's lonely sometimes, it's real. And in that realness you will find a life that's not just lived but deeply felt.

My Quote

Greatness is born when you refuse to fit into small cages.

समाज : आत्मा रहित भीड़

परिभाषा :-

समाज का नाम सुनते ही एक ऐसा चित्र उभरता है – जहाँ लोग तो बहुत है, लेकिन आत्मा जैसे गुम हैं। ये भीड़ एक ऐसी लहर है, जो अपने ही बनाए हुए नियमों में बंधी है, जो सोचती नहीं, बस चलती है। यहाँ व्यक्ति नहीं होते, बस मुखौटे होते हैं – जो परंपराओं, डर और झूठी प्रतिष्ठा के नीचे दबे रहते हैं।

मेरा मानना है कि – समाज अपने आप में ही एक अदृश्य जंज़ीर है, जो हमें हमारी असली आज़ादी से दूर कर देती हैं। जो भी व्यक्ति भीड़ से अलग होकर सोचता है, सवाल करता है, उसे या तो खामोश कर दिया जाता है या फिर तिरस्कार की निगाहों से देखा जाता है। यहाँ आत्मा से नहीं, भीड़ से ताकत देखी जाती हैं।

मुझे हमेशा से लगता है कि सच्ची ज़िन्दगी वही है जो भीड़ की स्वीकृति के बिना भी खिल सके। समाज का बहाव बड़ा तेज़ है, लेकिन जो ख़ुद का रास्ता ख़ुद बनाता है, वही सच में जीता है। यहाँ सोचने वाले को पागल कहा जाता है और झूठ को परंपरा का नाम दे दिया जाता है।

इसलिए मेरा मानना है कि –

समाज को बदलने की जगह, ख़ुद को बचाना ज़रूरी है।

भीड़ से अपनी आत्मा को बचा लेना ही असली बगावत है।

कविता
समाज : आत्मा रहित भीड़

जो चल न सके बिना मंज़ूरी के,
वो झुके हुए हैं मजबूरी के |
असली चेहरा सब छुपाते हैं,
झूठ के साए में मुस्कुराते हैं |
इन नकाबों में कैद है, एक सूनी पीढ,
समाज : आत्मा रहित भीड़ ||

जो अलग दिखा, वो दुत्कारा गया,
जो झूठा था, वो पुकारा गया |
जो सोच में न थमे, वो हारा गया,
जो जागा रहा, वो मारा गया |
इसी सोच ने तोड़ डाली सच्चाई की रीढ़,
समाज : आत्मा रहित भीड़ ||

अपने ही सवालों से डरते हैं
अपने जीवन में ज़हर को भरते हैं।
जहाँ भीड़ में चलना गर्व कहलाता है,
स्वतंत्र सोचना शर्म बन जाता है।
जहाँ जल जाए ज्ञान – बोध का नीड़,
समाज : आत्मा रहित भीड़ ॥

जो ज़िंदा होकर भी सोए हैं ,
जो ख़ुद में न प्रश्न कोई बोए हैं।
वह बस भीड़ के गीत - गाते हैं,
हर दिन ख़ुद को ही झुठलाते हैं।
झूठे जिनके संगी – साथी, झूठे जिनके मीत,
समाज : आत्मा रहित भीड़ ॥

जो असहमति को अपराध समझे,
और अंधभक्ति को आबाद समझे।
जो सोचने वालों को पागल कहे,
तो कोई ऐसे समाज में क्यों रहे।
जहाँ मौन ही समझदारी की, बन जाए रीत,
समाज : आत्मा रहित भीड़ ॥

दृष्टिकोण :-

मेरा मानना है कि – समाज अब ऐसी व्यवस्था बन चुकी है जो अब आत्मा की नहीं, संख्या की भाषा समझती है | इस भीड़ में हर कोई किसी और की छाया बनकर जी रहा है, अपनी पहचान खो चुका है | मैं अपनी कविता और परिभाषा से जो मूल बातों को बताना चाहता हूँ, वो ये है कि समाज अब एक ऐसे ढांचे में बदल चुका है – जहाँ स्वतंत्र सोच, आत्म – अन्वेषण और सच्ची रचनात्मकता को या तो खामोश कर दिया जाता है, या पागलपन कहा जाता है |

मेरी कविता में 'समाज : आत्मा रहित भीड़' एक शीर्षक मात्र नहीं है – ये एक उदघोषणा है उन सभी लोगों के लिए जो ख़ुद से, अपनी चेतना से जुड़कर जीना चाहते हैं |

जो ये समझतें हैं कि बहाव के साथ बहना सरल है – उन्हें मैं बता दूँ कि अर्थ वहाँ पैदा होता है, जहाँ कोई धारा के विरुद्ध खड़ा होता है |

मेरे दृष्टिकोण की सबसे गूढ़ बात ये है कि यदि समाज आत्मविहीन है, तो आत्मा की तलाश व्यक्तिगत होगी – और यही तलाश हमें एक भीड़ से अलग जागरूक व्यक्ति बनाती हैं|

निष्कर्ष :-

समाज, जो बाहरी रूप से व्यवस्था और नैतिकता का मुखौटा पहनता है, भीतर से अक्सर आत्मविहीन भीड़ में बदल जाता है| यह वही भीड़ है जो सच्चाई से डरती है, अलग सोचने वालों को नकारती है, और हर उस आवाज़ को कुचलना चाहती है जो तयशुदा ढाँचे से बाहर निकलने की कोशिशे करें |

मैंने समाज के इस चेहरे को देखा है, परखा है, और उससे स्वयं को अलग करने का साहस भी किया है।

क्योंकि व्यक्तिगत स्वतंत्रता, प्रश्न करने की स्वतंत्रता और अपने सत्य के मार्ग पर चलने की शक्ति – यही एक सच्चे जीवन की पहचान हैं।

आत्म उद्धरण

समाज को बदलना मेरा उद्देश्य नहीं, उसकी सीमाओं से परे जाना मेरी क्रांति हैं।

Chapter – 9
Religion: The Holy Illusion

Definition: -

Let's start with a simple question – what is the origin of religion?

After reading the Vedas, Vedanta and many great books on Dharma, I've come to realize something very clear: religion began with compassion. That's it. No rituals, not temples, not fear – but compassion.

What I think personally that if someone doesn't believe in religion but still lives with kindness, empathy and love for others - that, to me, is a truly religious person. Any action that comes from compassion is a religious act.

But today especially in India, religion has become something else. People call themselves religious, but they don't really know what their religion actually teaches. They follow traditions blindly, celebrate festivals in the name of religion without understanding their deeper meaning and perform rituals just because", it's always been done that way.'

Most people have never read their own sacred texts. Ask them about the core messages of the Bhagwat Gita, Upanishads or the teachings of Buddha, Mahavir, Saint Kabir, Saint Ravidas, J. Krishanmurti etc- and they will draw a blank. They might worship Krishna but not the one who gave the wisdom of the Gita. Instead, they follow made-up stories that suits their desires.

We have forgotten that the real purpose of religion is to help us grow, to evolve to understand ourselves deeply. In fact, Vedanta philosophy says something beautiful – "After you know your true self, even religion will drop away on its own." Like a boat you leave behind after crossing the river. You don't throw it – you just not need it anymore.

Sadly, today religion is more about fear, blind faith and control. People follow self proclaimed "godmen" or so called gurus because they are afraid or just want some quick miracle, society doesn't allow questions in the name of faith. If you ask something logical, it is believed or seen as disrespectful act. But the great masters of India – like the Buddha or Adi Shankracharya - encouraged questioning! They wanted us to understand, not just believe.

The biggest problem today is that religion has become belief based not knowledge based. People are not seeking truth or freedom. They are just doing what their group or family tells them. And in doing so, they have lost the very heart of religion.

For me true religion is not about worshiping something outside. It's about understanding who you are from inside. It's about growing in love, awareness and freedom. Once that happens, you don't need to hold on to religion. It will quietly walk away – because its job is done.

Poem
Religion Left me at the door of Myself

I looked for peace in every prayer,
In ringing bells and temple air.
I followed rules and walked with care,
But still felt lost just standing there.
No one could show me where to dwell,
Religion left me at the door of myself.

They said to fear, they said obey,
That truth was only in their way.
I tried to trust what they believed,
But in my heart I felt deceived.
My soul was locked inside a shell,
Religion left me at the door of myself.

I read their books and learned their song,
But something deeper pulled me strong.
Not in the sky not on a shelf,
I found a light inside myself.
No voice but mine could truly tell,
Religion left me at the door of myself.

I don't need names, I don't need praise,
I walk my path through quiet days.
The truth I seek is not for show,
It blooms in places few will go.
Not heaven high, but inner wealth,
Religion left me at the door of myself.

It wasn't in the prayers or shrine,
But in the quiet, I began to find.
The essence of religion, lost in time,
Is to be free, to rise, to climb.
The truth was never in a spell,
Religion left me at the door of myself.

Viewpoint: -

In this poem, I am sharing my journey of searching for religion in all the wrong places - through rituals, prayers and beliefs that didn't connect to the deeper truth. I was told to follow rules, fear sins and worship in certain ways, but none of it gave me real peace. I felt like I was just going through the motions, repeating actions without understanding. Why?

What I realized that true religion isn't about following rituals or beliefs blindly. Religion at its core is about compassion and self – realization. It's about finding peace and truth within yourself, not in ceremonies or external practices. When we understand who we truly are, we don't need religion to guide us anymore because we have already reached freedom.

The poem reflects how, through my own experiences and studies of Vedanta and spiritual teachings, I found that religion should lead you to freedom – not bind you with rules and fears. Once you reach your true self, religion leaves you, because its jou is done. The real essence of religion is to help you grow spiritually and see beyond beliefs and fears.

In today's world especially in places like India, people are stuck in the outer layer of religion – the rituals beliefs and festivals – without ever understanding the deeper, more meaningful truths.

True religion is not belief based, its knowledge based and it's about helping you understand yourself and the world around you.

So, the poem is a reflection on how I found peace not in temples but in compassion and self – awareness.

Religion left me at the door of myself, and that's when I truly understood that the path of truth is within.

Conclusion: -

In the end true religion is not about outer rituals or blind belief. It is about compassion, self – awareness and inner freedom.

When religion is understood deeply. It become a guide – not a cage. And once it fulfills its purpose, it silently steps aside. That's why in the truest sense, religion leaves you at the door of yourself- so you can walk in and finally be free.

My Quote

Religion was never meant to be followed - it was meant to be outgrown, like a ladder that vanishes once you reach the sky within.

धर्म : मानना नहीं, जानना

परिभाषा :-

हमारे भारतीय समाज में धर्म को अक्सर एक अन्धविश्वास, एक समूह द्वारा तय किए गए नियम और बाहरी कर्मकाण्डों से जोड़ा जाता है। लेकिन असल में धर्म का मतलब कुछ और ही है। धर्म सिर्फ़ मानने के बारे में नहीं है। यह जानने के बारे में है और जानना केवल बाहरी दिखावे तक सीमित नहीं है, बल्कि यह आत्म – ज्ञान और आत्म – स्वीकृति की प्रक्रिया है।

मेरा विचार यही है कि धर्म का असली उद्देश्य है आत्मा को जानना, सत्य को पहचानना और स्वतंत्रता प्राप्त करना। धर्म हमें करुणा और स्वयं की समझ सीखाता है, लेकिन जब हम इसे केवल रिवाज़ो, और परंपराओं तक सीमित कर देते हैं, तो हम असल धर्म से बहुत दूर हो जातें हैं। सिर्फ़ एक ही धर्म है – मुक्ति की ओर निरंतर बढ़ते रहना।

मेरे विचार से, धर्म वह है जो हमें स्वतंत्रता और ज्ञान की ओर ले जाए। न कि वो जो हमारे अन्दर डर और भ्रम पैदा करे। धर्म केवल उस समय तक ज़रूरी है, जब तक वह हमें हमारी असली पहचान तक नहीं ले जाता। एक बार जब हम आत्मा को समझ लेतें हैं, तो धर्म अपनी भूमिका पूरी करता है और हमें ख़ुद के भीतर मौजूद सत्य का अनुभव होने लगता है।

आजकल लोग धर्म को समझने के बजाए सिर्फ़ मानतें हैं और यहीं पर गलतफ़हमियाँ उत्पन्न होती हैं। सच्चा धर्म हमें डर, अंधभक्ति और अंधविश्वास से मुक्त करता है और हमें अपने आंतरिक सत्य की ओर मार्गदर्शित करता है।

इसलिए धर्म, हमारे समझने और अनुभव करने के लिए है , न कि सिर्फ़ मानने के लिए। जब हम केवल बाहरी पूजा, रीति – रिवाज़ो या कथाओं को ही धर्म मानते हैं, तो हम असल धर्म को नहीं समझ रहे होतें। असली धर्म हमें आत्मबोध की ओर ले जाता है और यही धर्म का वास्तविक उद्देश्य है।

कविता
एक ही धर्म है, जो मुक्ति दे

धर्म को न जाना तो तुम, धार्मिक कैसे हो गए,
बिना ग्रंथो को पढ़े तुम, मार्मिक कैसे हो गए।
किसी ने कुछ भी बोला, तुमने क्यों मान लिया?
क्या धर्म पर चलकर तुमने, सच में ख़ुद को जान लिया?
धर्म जो हर विचार से, आत्मा की युक्ति दे,
एक ही धर्म है, जो मुक्ति दे॥

अपना कुछ पता नहीं, दूसरों को धर्म बताते हो,
ख़ुद के काम राक्षस जैसे, दूसरों को कर्म सिखाते हो।
उनका तो क्या ही कहूँ, जो कामनाओं के मारे हैं,
हैरान तो मैं तुमसे हूँ, कैसे सबको डराते हो।
चला मैं उस धर्म की ओर, जो अज्ञान को रुक्ति दे,
एक ही धर्म है, जो मुक्ति दे॥

तुम्हारे भीतर सच्चाई के, गीत बजते ही नहीं ?
कितना मांगते हो ख़ुदा से, फिर भी कभी रजते ही नहीं।
धर्म के केन्द्र में दया है, क्या जानते हो ?
माफ़ करना मैं भूल गया, तुम तो सिर्फ़ मानते हो।
धर्म तो वो है जो तुम्हें, तुम्हारी सच्ची दृष्टि दे,
एक ही धर्म है, जो मुक्ति दे ॥

याद करो धर्म के नाम पर, किसने तुमको तुमसे छीन लिया,
किसने तुम्हारी गरिमा को छीना, और मन से तुमको हीन किया।
काफ़ी हुआ कामनाओं का पीछा,अब तुम्हें रुकना होगा।
गिरे पड़े विचारों से हारकर तुम,अब ज्ञान के सामने झुकना होगा।
नकार दो ऐसे तथाकथित धर्म को, जो भक्ति नहीं बस भुक्ति दे।
एक ही धर्म है, जो मुक्ति दे ॥

दुनियाँ को समझो, ख़ुद को जानो,
वापस लौटो अपने भीतर को,
और हर किसी की न मानो।
करो कुछ ऐसा कि, ईश्वर प्रेम की सूक्ति दे,
एक ही धर्म है, जो मुक्ति दे ॥

दृष्टिकोण :-

देखो जब हम धर्म की बात करतें हैं, तो अक्सर लोग उसे पूजा – पाठ, मंदिर – मस्जिद या किसी रीति – रिवाज़ से जोड़ देते हैं | लेकिन मेरी इस कविता में धर्म को वैसे नहीं देखा गया है | यहाँ मैं धर्म को एक भीतर की खोज मानता हूँ – अपने असली स्वरूप को जानने का रास्ता |

मेरे विचार और मेरी कविता के अनुसार धर्म का असली बीज करुणा है – अगर तुम्हारा कोई काम सच्चे दिल से, किसी के भले के लिए, बिना स्वार्थ के होता है, तो वो सबसे बड़ा धार्मिक काम है |

धर्म कोई सतही बात नहीं है, ये तो अन्दर की चीज़ है – जैसे सीप के अन्दर मोती होता है, वैसे ही धर्म आत्मा की भीतर बनता है |

आजकल जो धर्म है, उसमें डर ज़्यादा है सोच कम | लोग सवाल नहीं पूछते, बस मानते हैं | मैं अपनी कविता के माध्यम से ये कहना चाहता हूँ कि धर्म का काम डराना नहीं हैं - धर्म का असली काम है मुक्त करना, तुम्हें ख़ुद से मिलाना | जब तुम ख़ुद को जान लेते हो, तो तुम्हें किसी और के बनाए धर्म की ज़रुरत नहीं पड़ती – धर्म अपना काम करके ख़ुद ही छूट जाता है | इसलिए मेरी कविता का सन्देश यही है कि – एक ही धर्म है, जो मुक्ति दे ||

जो तुम्हें आज़ाद करे – डर से, अंधविश्वास से, और सबसे ज्यादा ख़ुद की नादानियों से |

निष्कर्ष :-

सच्चा धर्म वह नहीं जो किसी नाम, पूजा या परंपरा से बंधा हो, बल्कि वह है जो व्यक्ति को भीतर से बदल दे। धर्म का उद्देश्य डर फैलाना नहीं, आतंक फैलाना नहीं, बल्कि आत्मा को उसके वास्तविक स्वरूप से परिचित कराना है। जब मनुष्य करुणा, विवेक और आत्मचिंतन के मार्ग पर चलता है, तभी वह धर्म को सही रूप में जीता है। धर्म कोई मान्यता नहीं एक यात्रा है – जो व्यक्ति को अंधविश्वासों व सामाजिक भ्रमों से मुक्त कर उसे सत्य और स्वाधीनता की ओर ले जाती है। जहाँ धर्म ज्ञान बन जाए, वहां मुक्ति स्वभाविक हो जाती है।

आत्म उद्धरण

जहाँ सवाल मना हो, वहां धर्म नहीं अन्धकार होता है, सच्चा धर्म वही है, जो भीतर का द्वार खोलकर मुक्ति देता है।

Chapter – 10

Music: Who Helps Me To Forget Myself

Definition: -

Now my favorite part comes. Have you ever wondered if something could be so deep, so powerful, that it makes you forget yourself? For me, that something is – Music. It is just not a hobby for me – it's a spiritual experience, an eternal meditation. I could sing, I could play music all day without stopping and still my heart would crave for more.

I haven't just listened to music – I have lived it. From playing the flute, harmonium, piano, mouth organ and many more to learning Indian classical and Western vocal professionally for years. Music has been a journey woven into my very being.

My house is filled with various musical instruments, as if they are parts of my own family. And honestly, if I ever had to create a new religion, it would be based on music. Because for me, it's as essential as breathing.

When I distanced myself from society and embraced solitude, it was books, deep observation – and music that stood closest to me. Music made sure I never feared loneliness.

It was a music that first stirred the rivers of poetry and literature within me.

I still remember those days when I had no money even then I was 13-14 years old at that time to buy an instrument – I crafted my first flute myself using a simple PVC pipe – just because of sheer passion. Music always whispered to me – “you are never alone. I am with you.”

Whenever someone ask me, “How do you manage to stay alone?”

I simply smile – because deep down, I know music has always been my companion.

Music didn’t just stay with me: it shaped my soul, carved my creativity and became the heartbeat of my inner world.

Even as I am writing this look – somewhere in the background a silent melody plays along - music, that helped me forget myself… and find something for greater.

Poem

Notes Of My Music Making Me Exclusive

Soft winds hum, where silence sleeps,
Music drifts through valleys deep.
Lonely heartsrings starts to glow,
Singing secrets only I know.
From my soul a voice fugitive,
Notes of my music making me exclusive.

Gentle fingers on empty strings,
Whisper dreams that no one brings.
Broken hopes turn into a song,
Healing places hurt for long.
A silent tear feels narrative,
Notes of my music making me exclusive.

When the world fades, music holds tight,
It hums my soul awake at night.
No empty walls can cage my tune,
I dance alone beneath the moon.
It breaths in me, pure intuitive,
Notes of my music making me exclusive.

Strings of silence kiss my mind,
In every loss, a song I find.
Where words betray, melodies stay,
Guiding my spirit in their own way.
My breath becomes soft primitive,
Notes of my music making me exclusive.

Flute and keys, the hands of grace,
Shape my solitude into a space.
When shadows try to scare my light,
I sing and turn the dark to bright.
A sacred flame, wild narrative,
Notes of my music making me exclusive.

In every heartbeat, music flows,

A bridge where only wonder goes.

It's not just sound – it's who I am,

A river carving through my dam.

A silent roar, strong alternative,

Notes of my music making me exclusive.

Viewpoint: -

As you know, for me, music was never just about tunes and beats. It's something way bigger – like a part of my own breathing. When the world felt far and people felt confusing, music quietly sat beside me, without asking for anything.

In the moments of silence, when even words seemed too heavy, music become my closest friend.

It didn't just fill my ears; it filled the empty spaces inside my heart.

Solitude never scared me because music made it beautiful. When there was no one else, music reminded me – I am enough. Music gave me – my own company, my own rhythm, my own sky. Every time I sang, played or even listened I wasn't running away from life – I was walking deeper into it. Discovering myself one note at a time.

Music didn't just make my loneliness bearable, it made it sacred. It turned silence into a conversation and stillness into a dance.

Maybe that's why, no matter where I go, no matter who stays or leaves – I always have a universe inside me – and its name is music.

Conclusion:-

As I previously said that music has never been just a hobby for me. It is the invisible thread that stitched my broken silences together. In a world full of noise, music become my quiet truth. It walked with me when no one else did. It whispered strength into my solitude, not fear.

Every note, every rhythm, I ever touched wasn't just sound – it was a prayer, a meditation, a way of understanding life without needing to explain it.

Music taught me how to sit with my soul, how to find beauty even in being alone.

Where other saw loneliness as emptiness, I saw it as a canvas – and music helped me paint it with colours no one else could see.

This bond between me and music is not made of habits, it's made up of love, patience and self discovery. Music didn't just accompany me- it shaped me.

It is and will always be my timeless, wordless companion.

My Quote

A single note can heal, what a thousand words fail to touch.

संगीत : मौन की आवाज़

परिभाषा :-

मेरे लिए संगीत केवल ध्वनि का खेल नहीं बल्कि मौन की एक गहरी आवाज़ है। ये वो सेतु है जो मेरे मन को मेरी आत्मा से जोड़ता हैं।

जब शब्द चुप हो जातें हैं, जब भावनाएं आकार लेने लगती है , तब संगीत जन्म लेता हैं। संगीत मेरे जीवन का वह साथी है, जो अकेलेपन में भी मुझे कभी अकेला नहीं छोड़ता। यह मेरे लिए साधना है, एक अनकही प्रार्थना है, जो हर सुर में बहती हैं।

जिस तरह नदी अपने आप बहती है, वैसे ही मेरे भीतर संगीत निरंतर बहता रहता है। संगीत ने मुझे सिखाया कि तन्हाई कोई सज़ा नहीं, बल्कि ख़ुद से मिलने का निमंत्रण हैं। मेरी मानों तो यह सिर्फ़ कानों के लिए ही नहीं, बल्कि आत्मा के गहरे रहस्यों को खोलने के लिए है।

अपनी बात करूँ तो – संगीत मेरे भीतर मौन को शब्द देता है, और शब्दों को फ़िर से मौन में विलीन कर देता हैं।

कविता

यही है संगीत : मौन की आवाज़ में

जब शब्द चुप हो जाते हैं, सुर बहने लगते हैं,
मन के बंधन टूटते हैं, सपने गुनगुनाने लगते हैं।
साँसों की सरगम में खो जाता है, हर द्वंद्व,
दिल की गहराईयों से उठता है एक अनंत संवेद्व।
जहाँ मौन खिल उठता है, निर्मल राग में,
यही है संगीत : मौन की आवाज़ में ||

चुप्पी भी जब नाचे, रूह से सुर बरसे,
आँखों की कोरों में स्नेह के मोती झरते।
कण – कण से गूंजती है, कोई अनकही बात,
मन के सूने आंगन में खिलती है सौगात।
जहाँ धड़कन भी खो जाए मीठे अनुराग में,
यही है संगीत : मौन की आवाज़ में ||

एक बांसुरी जब रोती है बिना किसी बोल के,
भावनाएँ बहती है, मौन की धारा में दिल खोल के।
स्पर्श न हो, न शब्द हो, फिर भी गूँज उठे जहान,
एक राग, जो जोड़ दे तन, मन और जान।
जहाँ आत्मा भी भीग जाए, निर्मल अनुराग में,
यही है संगीत : मौन की आवाज़ में॥

जब उँगलियाँ छूती है, तारों की जान,
सपनों से सजता है, धूप और छाँव का मकान।
मन के घावों पर बिखरता है मधुर मलहम,
ख़ुद से मिलाने का बनता है सुनहरा धरम।
जहाँ हर पीड़ा खो जाए राग – अनुराग में,
यही है संगीत : मौन की आवाज़ में॥

जब लहरों सी थिरकती है सूनी सांझे,
ख्वाबों के पुल पर चलती है मीठी बांसें।
सदियों की थकन भी पिघल जाती है,
मन के बीजों से नयी मुस्कान खिल जाती है।
जहाँ धड़कन गूंजती है, एक नए परवाज़ में,
यही है संगीत : मौन की आवाज़ में॥

दृष्टिकोण :-

जैसे मैंने पहले ही कह दिया कि, मेरे लिए संगीत सिर्फ़, सुरों का मेल मात्र नहीं हैं, यह तो वो दोस्त है जिसने तब भी मेरा साथ दिया था, जब दुनियाँ चुप हो गई थी। जब बाहर शोर था, भीतर सन्नाटा था, तब भी एक धीमा सुर अन्दर बहता रहा – और वही मेरा सबसे अपना बन गया। मैं संगीत को सुनता ही नहीं बल्कि जीता हूँ। हर धुन, हर लय, हर ताल मेरे भीतर उतरती चली जाती है – जैसे मेरी सांसों का हिस्सा बन गई हों। बांसुरी, हारमोनियम, पियानों इत्यादि – ये मेरे अकेलेपन के साथी बनते गए – जैसे अकेलेपन में भी कोई चुपचाप हाथ थामें हुए हैं।

याद है मुझको वो दिन जब पैसे नहीं थे, और मैंने PVC पाइप से ख़ुद अपनी बांसुरी बना ली थी। तब समझ आया था – असली संगीत साधन से नहीं, सच्ची तड़प से निकलता है। संगीत ने मुझे सिखाया कि अगर कोई बाहर नहीं हैं, तो भी भीतर एक पूरी दुनियाँ है, बस सुनना आना चाहिए।

मेरी कविता भी इसी एहसास से जन्मी है, जहाँ हर सुर एक प्रार्थना बन गया है, हर मौन – एक गहरी बात कहने लगा हैं। संगीत ने मुझे सिखाया – अकेलापन डरने की चीज़ नहीं है, बल्कि ख़ुद से मिलने का सबसे पवित्र मौका है।

इसीलिए मेरे लिए संगीत एक धर्म है – जिसमें न कोई ग्रन्थ है, ना कोई मंदिर – बस आत्मा की एक चुप साधना है। और यही साधना मुझे बार – बार ख़ुद के और भी करीब ले जाती हैं।

निष्कर्ष :-

निष्कर्ष में बस इतना ही कहूँगा कि संगीत मेरी आत्मा का वो कोना है, जहाँ शब्द भी पहुँचने में चूक जाते हैं।

संगीत ने मुझे सिखाया कि खुद से प्रेम कैसे किया जाता है, कैसे अपने एकांत को अपनाया जाता है।

आज भी जब जीवन थमता है, जब मन बिखरने लगता है, तब संगीत चुपचाप आकर मुझे समेट लेता हैं।

आत्म उद्धरण

जहाँ शब्द हार मान लेते हैं, वहां संगीत जन्म लेता है।

Chapter – 11

Freedom: The Unseen Wings

Definition: -

If I say about my definition of freedom, Freedom is not just doing what you want – it's about being who you are, without asking for permission.

It is not the loud rebellion against the world: it is the silent courage to stay true to your inner world.

In my opinion, Freedom is the ability to walk your own path, even when it's lonely even when no one claps for you. It's the quiet fire that burns inside when you finally stop living by someone else's script, when you stop dressing up your dreams to make them look acceptable to others.

For me, freedom is when I can sit alone with my thoughts, my music, my silence and not feel empty but full.

It is when the solitude doesn't suffocate me, but actually becomes my oxygen.

Freedom is when I don't have to wear a mask to be loved or bend my truth to be accepted. It's when I create not to impress not to fit in, but simply to express what is real and raw inside me.

It's not found in rebellion for its own sake, but in choosing your own truth – even when it costs you everything.

Even when comfort is waiting on one side and courage demands sacrifice on the other –freedom is choosing courage.

What I mean that – True freedom begins the moment you stop performing for society and start returning to yourself. It's the unseen wings that carry you – not away from life but deeper into it, towards your real self.

For me – freedom is not just an outer condition, it's an inner flowering. And once tested, no chains, no approval, no applause, no fear can make you forget it again.

I believe that, it is not a right granted by society: it a birthright discovered through your own solitude, struggle and silence.

Poem

I've Heared a Whisper Named Freedom

I walked alone through roads untold,
Away from lies that others sold.
The world behind was loud and blind,
But peace ahead was what I had find.
It touched my soul, like winds from a kingdom,
I've heared a whisper named freedom.

They called me strange, said I was wrong,
But silence gave my spirit song.
Their noisy truths began to fade,
My roots grew deep in what I made.
A secret dance in life's quiet rhythm,
I've heared a whisper named freedom.

The chains they wore, they called their pride,
But I could see the fear they hide.
Their crowded thoughts, their hungry fame,
All built on rules that had no name.
I left that crowd, that hollow system,
I've heared a whisper named freedom.

My music bloomed when I stood still,
It broke through walls, it bent my will.
Not made for fame or market shelf,
Each note I played was just myself.
A melody from my inner anthem,
I've heared a whisper named freedom.

In books and stars, I found my guide,
They spoke of truth, no crowd could ride.
No puppet strings, no hands above,
Just fearless thought and honest love.
The breath I take, so raw so seldom,
I've heared a whisper named freedom.

I will not beg for place or role,

I've carved my name on my own soul.

Let others bow, let others wait,

My fire walks beyond their gate.

No badge to wear, no flags to welcome,

I've heared a whisper named freedom.

Viewpoint: -

For me, freedom has never been just a political slogan, or a right granted by someone else. It's something raw, something internal – like a quite revolution that starts from within.

Most of people don't understand it. They think freedom means doing anything they want, saying anything they feel or escaping rules. But that's just the surface.

For me, true freedom is deeper. Its about peeling off the layers of what the world tells you to be – the roles, the labels, the fake smiles an those endless expectations. Its not rebellion for show: its clearity. Its not running away from society: it's rising above its noise.

When I say 'I've heared a whisper named freedom' I mean exactly that – it doesn't shout, it doesn't demand. It whispers. It reaches only those who are truly listening. Those who are still enough to hear their own truth beneath the chaos.

And that's why it's rare.

I believe freedom is discipline. It's a responsibility to choose your own path, even if no one claps for it. Even if it's lonely. Especially because it's lonely. Yet, in that solitude, you meet yourself – maybe for the first time.

Society wants to write your script. It will hand you a mask and ask you to perform. But freedom is choosing your own face, even if it doesn't fit their stage.

My freedom is my silence. My poetry. My music. My refusal to be owned. The world might never understand it. But I don't need permission to fly.

Conclusion:-

In my understanding: -

In a world constantly trying to define who we should be, true freedom lies in undefining ourselves in breaking the scripts written for us and writing own with truth, clarity and courage. It is not given, it is realized.

Freedom is not about escaping the world, but about living in it untouched, unchained and unapologetically true to our essence.

It is a silent rebellion a sacred whisper – and those who hear it, are never the same again.

If is have to give someone an advice, I will say that – let society remain the cage for many.

But for those who – choose to listen – there will always be unseen wings.

My Quote

True freedom is when your inner voice becomes your only guide.

स्वतंत्रता : आत्मा के पर

परिभाषा :-

मुझे यकीन नहीं हो रहा है कि मैं इस काबिल हो गया हूँ कि, मैं भी जीवन के प्रमुख विषयों को परिभाषित कर सकता हूँ।

स्वतंत्रता के विषय में, मैं बस इतना ही कहूँगा कि "स्वतंत्रता" सिर्फ़ बाहरी बन्धनों से मुक्ति नहीं, बल्कि अन्दर की चुप आवाज़ को सुन पाने की ताकत है। यह वो स्थिति है जब इन्सान अपने विचारों, सवालों और जिज्ञासाओं को बिना, किसी सामाजिक जंज़ीर के बांधे जी सकता है। मेरे लिए स्वतंत्रता का मतलब है कि:-

बिना डर के ख़ुद को जी पाना, अपनी पसंद से सोच पाना और अपने होने को सम्मान दे पाना। ये कोई राजनितिक व कानूनी परिभाषा नहीं, ये तो आत्मा की उड़ान हैं, जहाँ विचार पिंजरों को तोड़ते हैं, और चेतना अपने असली रंग में खिलती है।

कविता
मैं ख़ुद को जानकर पूरा आज़ाद हो गया

भीड़ में था, पर अकेलेपन का शोर था,
मन के अन्दर कुछ टूटने का ज़ोर था।
हर रिश्ता बस एक नाम की ही डोर था,
ख़ुशी थी दिखावटी और गुमसुम मन का हर छोर था।
ख़ुद की राह पर चलकर, दूसरों के लिए बर्बाद हो गया,
मैं ख़ुद को जानकर पूरा आज़ाद हो गया॥

किताबों ने दिखाया, क्या है असली ज्ञान,
न सोचो, जैसा बोले ये झूठा जहान।
हर उसूल को देखा मैंने, अपने पैमाने से,
जितना खोला ख़ुद को, उतना बचा जमाने से।
कुछ न छुपाया मैंने किसी से, मैं खुली किताब हो गया,
मैं ख़ुद को जानकर पूरा आज़ाद हो गया॥

न चाहिए अब कोई नकली पहचान,
चाहे शौक से ले लो, तुम मेरी जान।
हर सवाल से बनाया, अपना नया रास्ता,
न किसी की कसमें मानी, न माना किसी का वास्ता।
गहराई से ख़ुद को खोजकर, मैं जल्द आबाद हो गया,
मैं ख़ुद को जानकर पूरा आज़ाद हो गया॥

सपने बड़े थे पर डर ने पकड़ लिया था,
सच्चाई को ढूंढते – ढूंढते, रास्ता जकड़ लिया था।
हर कदम पर एक नया सवाल था,
अंतर्मन में मचा बड़ा बवाल था।
मेरे जीवन का सत्य, आत्मा में अनुवाद हो गया,
मैं ख़ुद को जानकर पूरा आज़ाद हो गया॥

एक बार स्वतंत्रता की आदत हो जाए,
भीतर के सत्य की इबादत हो जाए।
जो भीतर, अहंकाररुपी (मैं) है बैठा,
एक बार तो उसकी शहादत हो जाए।
जिसका कोई मोल न था, वो ज़िन्दाबाद हो गया,
मैं ख़ुद को जानकर पूरा आज़ाद हो गया॥

दृष्टिकोण :-

ये कविता मेरे अपने अनुभवों और विचारों से जन्मी हैं। मैं स्वतंत्रता को एक भीतर की यात्रा के रूप में देखता हूँ।

मेरी स्वतंत्रता की परिभाषा इस बात में है कि, यह दुनियाँ से मुक्त होने के बजाए, ख़ुद को जानने और समझने में हैं।

जब हम ख़ुद को पहचानतें है, अपनी गलतियों, कमजोरियों और ताकतों को स्वीकार करते हैं। तो हम स्वतंत्र होते हैं। ये स्वतंत्रता हमें अपनी सच्चाई से मिलती है।

मेरे अनुसार, स्वतंत्रता सिर्फ़ बाहरी बंधनों से मुक्ति नहीं है, बल्कि यह मानसिक और आत्मिक स्तर पर भी होनी चाहिए।

ये मेरे लिए कुछ ऐसी है कि किसी भी धारणाओं, समाज की उम्मीदों व मान्यताओं से परे जाकर, ख़ुद के अनुभवों व सत्यों को अपनाया जाए। स्वतंत्रता का असली मतलब यही है कि हम किसी और के जीवन का पालन न करके, बल्कि अपनी राह पर स्वयं चले।

मेरी कविता का यही सन्देश है कि हमें अपने आत्मविश्वास और ज्ञान के साथ ही स्वतंत्रता प्राप्त करनी चाहिए।

निष्कर्ष :-

मेरा मानना है कि स्वतंत्रता का वास्तविक स्वरूप वह नहीं है जो हमें बाहरी दुनियाँ से मिलती है। ये तो वो आंतरिक स्थिति है, जब हम अपने डर, भ्रातियों और सामाजिक दबावों से ऊपर उठकर अपने आप को पहचानते हैं।

ये सिर्फ़ एक विचार या नकली भावना मात्र नहीं है – बल्कि ये तो एक स्थायी प्रक्रिया है, जिसमें हम हर दिन ख़ुद से मुक्ति पातें हैं|

सच में, स्वतंत्रता वह है जब हम ख़ुद के प्रति सच्चे होतें हैं, चाहे दुनियाँ की हर परिभाषा हमारे खिलाफ़ ही क्यों न हो |

आत्म उद्धरण

जिस दिन तुम ख़ुद को जान लोगे, उस दिन तुम वास्तविक स्वतंत्र हो जाओगे |

Ending Poem

The End, I Had to Write to Begin

The journey was long, the road was steep,
I faught for every word, sacrificing my sleep.
But in the end. I found my way,
Through every tear, through every fray.
Each page was a battle, each line a sin,
The end, I had to write to begin.

The ink I bled, the words I wore,
Led me to open, a brand new door.
The weight of each word – heavy and true,
But I carried it all, to see this through.
I have fought a fight great within,
The end, I had to write to begin.

The ending poem, it calls my name,
This end is nothing, but a sacred flame.
The pages turned, the story told,
A tale of the broken, the brave, the bold.
This book was started from the chapter, "In my own skin,"
The end, I had to write to begin.

Through sleepless nights and endless fight,
I found my soul beneath the light.
Through each mistake, through every fall,
I found the strength to stand tall.
After losing myself, I secured the win,
The end, I had to write to begin.

The path was stony, the road unclear,
But I kept walking, despite the fear.
The ink dried slow, the pain was real,
No one was near to make me heal.
Each word I wrote like a stab of pin,
The end, I had to write to begin.

I don’t know how it’ll give a meaning to my life,

But what I am experiencing now are deep cuts of knife.

The blisters on my fingers are proof of my hard work,

I make my own discipline and don’t follow the herd.

I believe in brutal truth not in shoddy spin,

The end, I had to write to begin.